メンヘラの精神構造

加藤諦三
Kato Taizo

PHP新書

はじめに

●メンヘラが行き詰まる二つの原因

最近、メンヘラという言葉がある。メンヘラとはメンタルヘルスという言葉を略した言葉である。意味は心の病(や)んだ人ということである。

心理的に問題を抱えた大人になっていくのには、大きくいえば二つの原因がある。

一つは、人は成長のそれぞれの時期の心理的課題を解決することでしか生きられないのに、その課題の解決から逃避してしまうことである。課題の解決を避けると、依存症だの現実否認だの合理化だのという、偽りの満足を求めることが始まる。

不可避的な人生の課題を解決することは、自らの心の葛藤に直面することであり、困難と直面することであり、そこから生きている意味も満足も得られる。それなのに、その時期その時期の心理的課題の解決から逃げると、人生が次第に行き詰まっていく。その人の人生が心理的に行き詰まっている状態が、サディズムとか被害者意識等である。
その表われ方は自己拡張型と自己消滅型とに分かれる。この本では、どちらかというと自己消滅型、つまり「被害者意識」などのほうに焦点を当てた。

心理的に問題を抱えた大人になっていく二つめの原因は、小さい頃から与えられる破壊的メッセージをどう解決するかということである。

もちろん幸せにも、破壊的メッセージを与えられることなく、自立に向かって励まされ続けて成長した人もいる。逆に「お前は生きる価値がない」という破壊的メッセージを徹底的に与え続けられて成長した人もいる。

これでもかこれでもかと執拗（しつよう）に襲った破壊的メッセージと命がけで戦う中で、人は自分の長所、自分の固有の素晴らしさに気がつく。この戦いから逃げて被害者意識に逃げ込むと、最高の自分、素晴らしい自分に気がつくことなく、人生が行き詰まる。

この破壊的メッセージは、一つめの「それぞれの時期の人生の課題の解決」についても最大の障害となる。要するに、それぞれの時期の人生の課題の解決ができないことが多い。

●人間関係のトラブルを起こす人たち

また成長の過程で、この心理的に未解決な問題を無意識に蓄積しながら、会社に入り、課長になろうが、部長になろうが、役員になろうが人間関係のトラブルを次々と起こす。

基本的に、それぞれの時代の心理的課題を解決することなく成長してきてしまったがゆえに、次々に人間関係の問題を起こしてしまうのがメンヘラ社員である。

自分に破壊的メッセージを与えた人と戦わないで、自己否定的な自己イメージのままで生きているのが、メンヘラ社員である。

地獄には、現実の地獄と内面の地獄とがある。

有名な精神科医カレン・ホルナイ（1885〜1952）は「自己蔑視（べっし）は内面の地獄」といっている。(註1)

これが「メンヘラの精神構造」である。外側の環境は決して地獄ではないが、いやむしろ恵まれているが、心が地獄にいる。

メンヘラの心理について、今までの心理学の説明でいえば、社会的不能症である。社会的不能症とは、ピーターパン症候群の著者で、心理学者のダン・カイリー（1942〜96）の言葉である。

つまり「メンヘラの精神構造」とは、今まで使い慣らされてきた言葉でいえば、女性も含めたピーターパン症候群である。

幼児から青少年期を経て大人になっているのだが、社会的には役に立たない。

メンヘラ社員は、会社側からすれば、採用を間違ったと思っている。客観的には採用は間違っているのだろうが、メンヘラ社員の側からすれば、みんなに不当にこき使われていると思って被害者意識を持っている。

なぜ、こういうことが起きるのか？　そのことについてこの本では考えた。

メンヘラの精神構造

目次

はじめに

第1章　なぜ、あの人はいつも不満なのか？

第2章 「ひどい目に遭った」という被害者意識

第3章　根底に潜むナルシシズムとは？

第4章 傷つきやすい私を大事にしてほしい

第5章　メンヘラの精神構造を分析

メンヘラ本人ができる四つの改善策

あとがき

第1章

なぜ、あの人はいつも不満なのか？

●同じ言葉でもメンヘラ社員の受け止め方は違う

ハーヴァード大学の心理学者エレン・ランガー教授（1947〜）は「感情はとらわれに基づいている。(註2)」という。

「感情を引き起こす大半のものは学習された者である。(註3)」

私たちはいろいろな事実を経験する時に、それが唯一の事実と考えている。

しかしその事実はそのままでも、私たちの心が変われば、その事実は違ったものになる。入力情報は、脳の中にすでにある答えを引き出すための検索情報に過ぎない、という主張もある。

20世紀初頭、アメリカの行動主義者ジョン・ワトソン（1878〜1958）は、赤ん坊はパブロフの犬と同じように、条件付けられると主張した。たとえば、小さな子どもがウサギと遊んでいる時に、ドカーンというような大きな音を聞かせると、子どもは以後、ウサギを怖がるようになる。

しかし、少しずつ遠くからウサギを子どもに慣らしていくと、逆のプロセスをとって慣れていく。治療は可能だという。[註4]

ウサギという事実は変わらない。しかし、その子にとってウサギは変わった。ウサギは好きなものから怖いものに変わった。

会社の部長という事実は変わらない。しかし、部下の心が変われば、部下にとって部長は変わった。

心理的に健康な部下と、心理的に病んだ部下では、同じ部長の言葉を違って受け取る。心理的に健康な社員とメンヘラ社員では、同じ上司も同僚も部下も違って見える。

例えば、自己蔑視しているメンヘラ部下である。部長の普通の言葉を「自分をバカにしている」と受け取る。自己蔑視を受け身で外化（がいか）すると「バカにされている」と解釈する。

外化とは、心の中で起きていることを、現実と思うことである。

もちろん逆も同じである。部下は同じ部下でも、上司が変われば、上司にとって部下は変わった部下になる。

今までは同じ部下でなんとかやっていかれた。しかし、その同じ部下なのに新しい部長は神経症的である。メンヘラである。すると、こんな部下ではとても部長の責任は果たせないと嘆く。ひどいことになったと社長に騒ぐ。

●被害者を装って相手を攻撃

メンヘラ社員は騒ぎ嘆くだけで、困難に具体的に対処しない。

過度の被害者意識は、攻撃性の変装した意識である。苦しみは非難を表現する手段である。(註5)

ひどい目に遭った、ひどい目に遭ったと騒いでいるのは、誰かを攻撃しているのである。弱いからハッキリと怒りを表現できないで、被害者意識を強調しているだけである。

被害者意識を強調しているのは、私をもっと大切にしてくれ、私をもっと褒めてくれ、という叫びである。その欲求を満たしてくれないから怒りが湧く。依存心と敵意である。その怒りが変装して表現されてくるのが被害者意識である。

メンヘラか心理的健康かは、部長のポストか部下のポストかは関係ない。問題はその人のパーソナリティーである。心理的に健康な新入社員もいれば、心の病んだ課長もいる。心の病と会社のポストは関係ない。

依存心から生じた怒りを持った社員の攻撃性は不可避である。攻撃性や憎しみはみじめさの誇示（こじ）に変容する。

攻撃性は猛烈に働くことに変装する場合もある。攻撃性は巧妙に「弱さ」に変装すると、精神科医アルフレッド・アドラー（１８７０〜１９３７）はいう。

攻撃性の変装についてはアドラー以前から指摘されている。

みじめさの誇示は一般的なことであるが、受け身で表現されて、嫉妬や妬みに変装する。それ以上に一般的に変装するのは猛烈に働くことに変容することである。

心臓病になりやすいタイプとして長いことタイプＡという性格が言われてきた。タイプＡは猛烈に働いているほうが、肉体的には辛いが、心理的には楽である。

それは敵意が猛烈に働くことに変容しているからである。敵意を直接的に表現するよりも、変容して表現しているほうが心理的には楽だからである。

タイプA的な人は「自分は今無意識に大量の敵意を抱え、それに動かされているのだ」ということを自覚していないことが多い。しかしそれを自覚しない限り、追われるように仕事をする気持ちから解放されることはない。

自分の敵意がものすごいからと言ってその敵意という感情を自分が意識しているとは限らない。

人は自分の最も強い感情を自分が意識しているとは限らない。

「神経症者は死ぬまで働く」とアルバート・エリス（1913〜2007）は言っている。そしてさらに「自己受容している人は平均人より働くが、働き過ぎない」と付け加えている。それは他人からの評価をうることに執念を燃やさないからだという。

働き過ぎは名誉ではない。

表現されない怒りで、死に追いやられるということである。

怒りは猛烈に働くことに変容する。

依存心の強い人に攻撃性は不可避であるが、それは憎しみの変装し、強迫性を持つ。

被害者意識は攻撃性の変装した意識である。(註5)

苦しみは非難を表現する手段である。

攻撃は「欲求不満の原因とみなされる対象にむけられることがあるかと思うと、全然無関係なものに置きかえられること(註6)」もある。

全然無関係な人に攻撃を向けるということが問題なのである。夫に不満な奥さんが隣の家の工事を妨害する。上司に不満なビジネスパーソンがしつけと称して子どもをいじめる。

心理的成長につまずいた場合には攻撃性は不可避である。その憎しみを直接的に表現できない場合には変装は強迫性にならざるを得ない。

1. 猛烈に働くことに変容する。

2. みじめさの誇示に変容する。

攻撃性は巧妙に「弱さ」に変装するとアドラーは言う。

神経症者の過度の被害者意識は攻撃性の変装した意識である。

苦しみは非難を表現する手段である。

3. 攻撃性が受け身で表現されれば、妬みであり嫉妬である。

●傲慢な復讐タイプは猛烈に仕事する

先のテーマの「攻撃性は猛烈に働くことに変装する場合もある」に戻る。

親密になれないことを隠すために仕事が忙しいという。猛烈に働く。抑圧は拡大する。さらに猛烈に働く。心が触れあうコミュニケーションができない。

カレン・ホルナイが、a prodigious workerと表現した「驚異的な働き手」という人がいる。

自然治癒力の専門家であるアメリカの医学博士アンドルー・ワイル（1942〜）は『Spontaneou Healing』という本のなかでおもしろい表現をしている。

壊れかかったエンジンは、ガタガタと猛烈に働くが、あまりよく仕事を達成しない。

戦後、日本の高度経済成長を支えたのは神経症者のエネルギーと理解すれば、戦後の日本の政治社会過程を一貫して説明できる。

これが今のメンヘラ社員にまで心理はつながっている。

カレン・ホルナイはこのようなタイプを「傲慢な復讐的タイプ（the arrogant-vindictive type）」と名付けている。(註7)

彼らは働くことで攻撃性を表出していることは明らかであると述べている。(註8)

彼は仕事を楽しまないが、疲れさすこともない。仕事以外の生活の空虚さが特徴である。

社会心理学者エーリヒ・フロム（1900〜80）は、このようなマゾヒズム的人間を精神分析的に観察すると、多くの実例から次のような事が分かると言う。彼らが孤独感と無力感の恐怖に満ちている、そしてこのマゾヒズム的努力はその人をその孤独感と無力感から逃避させるのを助ける。

彼らは猛烈に働くが、被害者意識にたって、一生懸命に働かないメンヘラ社員と、本質的には同じである。

典型的な、かつての日本の猛烈サラリーマン達は人生で最も大切なバランスを崩している。彼らがいかに家庭を無視して働いたかを考えてみれば分かるであろう。

もちろんこの「驚異的な働き手」が働くことを楽しんでいるのなら話しは別である。楽しんでいるなら復讐的にはなっていない。

「驚異的な働き手」にとって「万能の人」になることが、みずからの傷ついた自尊心の要求である。

この内面の要求を実現するために人は不幸な一生を送る結果になる。その視点からしか物事をみられなくなる。だから働き過ぎて健康を害する人も出てくるのである。

健康の秘訣、それは愚かな偽りのプライドを捨てることなのだ。そうすれば自然とバランスのとれた生活になる。

同じに会社生活をしていても人間関係のうまくいっていないビジネスマンは友人の

いる普通のビジネスマン以上にストレスに悩まされている。

家庭がうまくいっていなければ仕事にも影響は出る。だから燃え尽きる人は、仕事、仕事で生きてきながらも、最後には仕事で挫折するのである。

つまりカレン・ホルナイが、a prodigious workerと表現した「驚異的な働き手」は逆に成功をしないで燃え尽きることが多い。

そしてなによりも「傲慢な復讐的タイプ」はケチである。成功しても人に与えることができない。人から感謝を期待できれば与えるが、無償で与えることができない。

ところで「驚異的な働き手」の特徴はささやかな幸せを知らないことである。

●自分が加害者でも許さない

かつての日本の猛烈サラリーマン達と、今のメンヘラ社員とは現象は正反対であるが、心理的には同じである。

両者とも攻撃性が偽装されて表現されているが、偽装のされ方が違う。過激なゲバ棒の学生運動が、あっという間に三無主義（無気力・無関心・無責任）だの四無主義（無気力、無関心、無責任、無感動）に変わったように、猛烈サラリーマンがあっという間にメンヘラ社員に変わった。

行動は変わったが、動機は変わっていないという点を見逃すと、メンヘラ社員を理解することはできない。

神経症者は、自分が加害者であるのに被害者意識を持つ。そして、時に被害者である他人を非難罵倒する。被害者を許さない。

まことに信じられないようなことが世俗の中では起きる。

被害者が加害者を許さないのは分かる。しかし、攻撃的神経症者の場合には自分が加害者であるのに被害者を許さない。

その時に、怒りに正当性がなければないほど、怒りは誇張される。被害が強調される。

今まで、低い自己評価と攻撃性が関係づけられて議論されてきたが、近年はそれに変わってナルシシズムが注目をされてきた。(註9)

「子どもを行動主義的な自由のもとに育てるなら世界は変わるだろう(註10)」とワトソンは

いう。ワトソンとは先に16ページで説明した、ウサギが好きな子どもを、ウサギを怖がる子にした人である。

客観的事実として同じものが、心理的事実としては違う。客観的事実として同じウサギが、好きなウサギから嫌いなウサギに変わる。

不安があると誰でも安心しようとする。その安心するための行動が、不安に対する反応である。

人は、不安になればなるほど現状にしがみつく。不安な人は弱い人に対しては攻撃的になり、強い人に対しては迎合的になる。

迎合（げいごう）する人は、迎合の代価の大きさに気がついていない。

はじめから敵意があるわけではなく、不安に対する反応として敵意を持つ。

カレン・ホルナイは、人は、不安から迎合する、攻撃する、撤退するなどの行動を取るという。迎合する人は迎合したことの期待はかえってこない。そこで敵意を持つ。そこで攻撃的な行動を取ることで、敵意を激しくするようになる。しかも、不安と孤独とには相関関係がある。

要するに、事実は同じでも我々の心が変わることで、同じ事実が違った事実に変わってくる。その人の不安に対する態度で、同じものごとが違ってくる。
人は同じ事実を自分の心で解釈する。同じ事実は違って解釈される。

●思い込みから生まれる負の連鎖

思い込みは、内心に潜む不安や恐怖が表面に出るのを防ぐ。最初に悪を決めておき、それによってすべてを割り切ろうとする。

自分の不遇を人事の不手際のせいにする。「どうせ俺は課長止まりだ」と拗ねる。内心の不安から決めてかかる。エネルギーがなくなると、Game is over.と勝手に解釈する。

消耗した人と、元気な人は同じ事実を違って解釈する。メンヘラ社員と心理的健康な社員では同じ事実を違って解釈する。

妻は人づき合いが悪くて、子どももいるから忙しくて出世できない。「私は家庭を大切にしているから」と、仕事熱心でないことを言い訳する。

あるいは、新入社員のうちから「課長が悪いから、出世できない」と拗ねている。

会社でなくて、大学でも同じである。学務が忙しくて研究ができない。雑用に使われて研究ができない。人とつき合う暇がない。

内心の不安や恐怖をカモフラージュして、安心感を得ようとする。

思い込みの裏には、しばしば被害者意識が働いている。常に自分だけが損をしていると思う。

できるかもしれないし、できないかもしれないことを、だめに決まっているという考えがうつ病者の特徴だとオーストリアの精神科医ベラン・ウルフ（1921〜）は述べている。

ベトナム復員兵はストレス・ホルモンが出やすくなっている。カテコールアミンは体内に異常事態への対応を促（うなが）すと同時に、記憶を脳に焼き付ける働きをする。ベトナム復員兵はカテコールアミンの分泌を抑える受容体が40％も少ない。(註11) ベトナムの森の中で恐怖感をもって生きてくれば、アメリカ本土に帰ってきた時には、変わった人間になっている。ストレスを感じやすい人間になっている。

同じ部長と話していても、ストレスを感じる部下もいれば、同じ部長でストレスを感じない部下もいる。

過去に恐怖の体験をしてくれば、恐怖でないものに恐怖感を覚える。親が欲求不満の塊（かたまり）でいつも怒っていれば、子どもはストレスを感じやすくなっている。その恐怖感は、みじめさの誇示に変容する。

●お互いの低いコミュニケーション能力が問題

パワーハラスメントは、双方のコミュニケーション能力の問題である。

どちらかがストレス・ホルモンが出やすければ、その人にとって話し合いはストレスである。

なぜ今、企業でパワーハラスメントから過労死に至る人間関係が問題になるのか？

それは現代人のコミュニケーション能力が衰（おとろ）えてきているからである。

自分が分かっていない上司は部下が分かっていない。自分が分かっていない部下は上司が分かっていない。

恥ずかしがり屋の人は、過剰な先入観を持っている。自分が分かっている上司は、部下が恥ずかしがり屋の人の場合、なにかを言う時には注意をする。部下がコミュニケーション能力があれば、「この上司は要注意だな」と気をつける。自分の言おうとしていることを「この上司は誤解するな」ということに注意を払う。「この上司は会社以外のことで問題を抱えているな」と感じる。「誰か自分以外の人に怒りを感じているな、その怒りを自分に置き換えようとしているな、注意しよう」と思う。

コミュニケーションは、相手が分からなければ、トラブルを起こしやすい。

ドメスティック・バイオレンス（ＤＶ）、虐待、引きこもり、不登校、いじめばかりでなく、現代は全体として自然なコミュニケーション欠如の時代である。

客観的事実は一つでも、心理的事実はその人の数だけある。

コミュニケーション論の第一歩、送り手と受け手の捉え方は違う。

●過労死する人としない人の違い

パワーハラスメントから過労死したといわれる事件が起きると、意見が分かれる。

一方の人たちは、死ぬくらいなら会社を辞めれば良い、体を壊して死ぬまで働く必要はない、と言う人たちである。

過労死した人は執着性格だったのだろう。仕事熱心で、義務責任感が強いという執着性格である。怠け者でずるくて図々しい人は過労死しない。

死ぬくらいなら、会社を辞めればいいと言った人たちと、そういう主張をしなかった人たちとどこが違ったのか。

過労死するまで働き続けた人は、自分は人生の敗者であるという感じ方を意識しないために、働き続けたのであろう。遊ぶことより働くことが価値である、小さい頃からそう教え込まれていたに違いない。会社という威信があったかもしれない。

自分の人生は上手くいっていないと無意識で感じている。そういうメッセージを会社で働くことがブロックしてくれる。その働くという強迫的行動をしている時には、自分が受け入れられないメッセージをブロックしてくれる。

その人にしてみれば、会社を辞めることは、私は人生の敗北者であるというメッセージが意識に上ってきてしまうことになるに違いない。

「会社を辞めればいい」と言った人たちは、会社で働くことをすごいと思っていない。会社で働くことをそこまで価値をおいていない。会社より人生のほうが大切と思っている。「生き方はたくさんあるのに」と思っている。長いことそういう価値観の人間関係の中で生きてきた。

「会社で働く」という事実は同じでも、その「会社で働く」ということの認識は人によってまったく違う。


ハーヴァード大学のエレン・ランガー教授は飛行機の揺れは「怖ろしい」が、遊園地のジェットコースターの体験の揺れは「楽しい」というような例を挙げているが、これが認識の怖ろしさである。

ある特定の状況では「怖ろしい」と感じることが、別の状況では「楽しい」と感じることがある。

「同じ刺激が異なるコンテクストでは異なる感情になることに気づかないと、私たちはみずから作り出した感情連想の犠牲となる。つまり私たちは不愉快な感情に苦しめられている時に、もうどうしようもないと思う。他の感じ方があるのに。(註2)」

嫌な感情にさいなまれている時、私たちは、他の感じ方はできないと思い込んでいる。しかし、違った感じ方はあり得る。同じ状況で違った感じ方をする人もいる。人は同じ刺激に違った反応をする。

●会社への不満の根本は無意識にある

公平な人事をしている会社もあれば、不公平な人事をしている会社もある。健康経営の会社からブラック企業までいろいろとある。

そうした事実とはまったく別に、ビジネスパーソンのパーソナリティーとして会社に恨(うら)みを持っている人は多い。会社で、公平に扱われても自分は不公平に扱われていると感じて恨んでいる人は多い。

学閥があるとかコネがあるとか不満はいろいろとある。不公平に扱われた結果、出世コースで追い抜かれたとか感じている人は多い。

野心の強い人々は被害者意識を持つ。クレッチマーの言葉を借りれば、「妄想性被害感情」である。

会社での冷遇がなぜ気になるか？　小さい頃の家の冷遇の記憶の引き金になっている。一生懸命頑張ったけど、親から家では冷遇されていた。小さい頃の家族の中での冷遇が、大人になってからの会社の人事にまで心理的に影響してくる。

リンカーンのように偉大な人でも、小さい頃の母親の死の悲しみが意識に返ってきて悲嘆に苦しむ。

気にならないはずのことが気になった時には、昔のなにかが再体験されている。

「忘れたはずの恋でした」という歌があったが、「忘れたはずの恋」は意識であって、無意識では忘れていない。それが大人になってその人に影響してくる。

引き金的記憶は一つではない。たくさんのＰＴＳＤ（Post Traumatic Stress Disorder：心的外傷後ストレス障害）が一緒に出てくる。

被害者意識を持っていると「けしからん」という気持ちになることが多い。

それはその人がナルシシストであり、受け身であるということである。依存的怒りの解消には、能動性を養うことである。能動性とは、自分のことを説明して理解してもらうことであり、相手のことを理解しようとする心の姿勢である。

被害者意識の強い人は、自分のことを説明しないで、相手が自分を理解するのが当然と思っている。

被害者意識にしがみついているのは、自分の心の葛藤に直面したくないからである。

怒りの原因が自分にある時には自分を見つめる。それ以外に方法はない。事実が問題で苦しんでいるのではないのだから。

最初に書いたように、地獄には、現実の地獄と内面の地獄とがある。

新入社員から社長まで、メンヘラ社員は自己蔑視という地獄にいる。私はメンヘラ社員といわないで、メンディス社員と言いたいのだが。mental diseaseの社員という意味である。

●心理的に健康な人の勧めは安心できるが……

心理的に健康な人があなたを誘った時には好意である。なにかを勧める時にはあなたのことを考えて勧めている。だから、申し出をもちろん断っていい。

相手は、あなたはそのほうがいいと思ってそう言っているのだから、あなたが嫌だと言ってもなんの問題も起きない。

それなのに、「押しつけられタイプ」は心理的に健康な人の好意までも、押しつけられたと受け取ってしまう。

そして、「押しつけタイプ」の人から押しつけられた時と同じように不満になる。

同じものを同じようにもらっても、受け取る側の心が違えば、それは違ったものになる。

「あなたのためなのに」としつこく絡んでくる人がいる。こういう人は要注意である。「あなたさえ幸せになってくれれば、私はどうでも良いの」と言う人は、強い自己肯定・他者否定の構えがある。自分が助言や援助を与えれば、相手はありがたがって受けるものだと決め込んでいる。

息子に「おまえの将来を思えばこそ」と言いながら、自分の老後のことを考えている親である。

「人がこんなに親切にしてあげているのに」と言いながら、なにかをする。こういう人に囲まれて成長してきたら、先に書いた「なにかを勧める時にはあなたのことを考えて勧めている。だから申し出をもちろん断わっていい」とはまったく違っている。

過去にどのような人間関係のなかで成長したかによって、今の物事の認識は違ってくる。事実と同じように、いやそれ以上に事実の認識の仕方が重要である。

●問題は自分だと気づいていない

自分を苦しめているのが、事実そのものではなく、自分の事実の認識の仕方なのに、事実に苦しめられていると思い込んでいる人がいる。それが被害者意識の強い人である。

しかし、もしそうなら、その解釈の思い込みに気がつかない限り幸せにはなれない。

「うつ病者は自分の仕事が悪いとか、結婚生活が不幸だとか、経済状況が困難だとか、自分のうつ状態にいろいろと立派な理由を言うが、抗うつ剤を飲まして調子よくなると同じ状況でも、言うことは違って『この仕事は悪くはない』『経済状態はなんとかやっていかれる』『結婚生活の未来は明るい』と言い出す。（註12）」

心理的事実と、客観的事実は違う。

アメリカの刑務所での労働の調査である。刑務所で、誰が労働で不満になるか。

事実として、同じ労働をするから同じようにつらいわけではないし、同じに不満になるわけではない。同じ労働をして、よりつらいと感じるのは自分の労働に納得していない人である。重労働をしている人ではない。

「囚人が刑務所の仕事に対して感じている主観的な満足と苦痛の程度との間にもわずかな負の相関がみられたに過ぎない。ところが、苦痛の程度と過去または未来に関する要因との間には著しい関係が認められた。」

自分は正当に服役すべき以上に長期間服役してきた感じと苦痛の程度には、著しい関係が存在していたという。（註13）

労働ばかりではない。何事も納得するか納得しないかで、同じ事実に対して苦しみは大きく違ってくる。

●自分の不満に気づかず、代わりに身近な人へ不満を抱く

自分に対して不満な人間がいる。しかし、自分に対して不満であることを意識できていない。すると一緒にいる人に不満になる。

自分に対して不満なのに奥さんに不満を感じる。自分の内面での葛藤を相手との関係において感じる。メンヘラ夫である。

会社で不愉快な思いをしている。会社の仕事がおもしろくない。自分は脚光を浴びる仕事がしたい。そういう自分であるべきなのである。しかし実際の自分は会社でつまらない仕事をしている。実際の自分の姿に不満である。

あるいは、会社では自分に適していないことばかりしていると思っている。机の前

に座って書類の仕事をしているのが自分の性格に向いているのに、外回りの営業の仕事ばかりさせられていると被害者意識を持っている。

会社の人間関係がおもしろくない。虚勢を張っている上司にいじめられていると思っている。同僚に足を引っ張られていると思っている。それなのに戦えない。そんな不愉快な職場の生活である。

昔の学生時代の仲間は、もっと自分に適した場所で働いていると思っている。彼は実際の自分の姿に不満である。そのままの不愉快な気持ちで家に帰る。

ところが彼は自分が自分に不満なのだと分かっていない。

そして、その自分に対する不満を、奥さんを通して感じる。すでに説明した外化である。奥さんといるとおもしろくない。それは奥さんの立ち居振る舞いや性格に不満なわけではない。彼が実際の自分の姿に満足しない限り、誰と結婚しても相手が不愉快である。

人は欲求不満な時ほど相手を悪く解釈する。また相手に不快な感情を味わう。相手その人が不愉快な存在というわけではない。自分が自分にとって不愉快なのである。

その不愉快さを、相手を通して感じているのである。

自分を嫌いな人は相手を責める。それが外化である。自己嫌悪のある人は、よく人の悪口を言う。これらも外化であろう。

悪口を言うことで自分の心の葛藤を解決しようとしているのである。そこに気がつかない限り、その人にはなかなか幸運の女神は微笑まないであろう。明るくなれないからである。あなたは、本当にそのことで悩んでいるのか？

●死ぬまで見当違いな怖れを抱き続ける人が多い

被責妄想だの、自己関連妄想など、怖くないものを怖がって不幸な一生を終わる人のなんと多いことか。では、どうすればよいのか。

詳しくは後述するが、なにかを誰かを怖れている時に、「これは、それほど怖れるものではない」と何度でも自分に言い聞かせることである。「私は怖くないものを怖がっている」と何度でも自分に言い聞かせる。

ある人に会うことを怖れている。会議に出席することを怖れている。失敗することを怖れている。「あの人からこう言われるのではないか」と怖れている。

朝起きると、そのことを心配している。食事をしながら、そのことが気になっている。そして、その日がくるのを怖れている。

仕事をしていても、そのことが心配で仕事が手につかない、食事が喉(のど)を通らない、人と話していても、そのことが気になって上(うわ)の空で聞いていない。

人間が怖がるものは、必ずしも危険なものではない。事実、危険と、危険を感じることは違う。

ガーデンスネークといわれるヘビがいる。1メートルくらいのヘビである。ボストン郊外の家で、そのガーデンスネークと遭った。そのガーデンスネークを見た日本人は、その後そこには寄りつかない。なんの危険もないヘビであるにもかかわらず。

私たちは、ヘビは怖いと小さい頃に学習してしまっている。あなたが今、怖れていることはこれと同じようなことではないだろうか。

だから、なにかを怖れている時に、先に書いたように「自分はなにを怖がっているのか？」と考えることである。そして、さらに「今、自分は怖くないものを怖がっているのではないか？」と自分に問いかけることである。

「自分が自分の方法で組み立てた感情だとは意識することなく、その感情を体験している。」(註2)

小さい頃、あなたに「あの人は優れている。それに比べてお前は生きる価値がない。なんでお前はそんなに劣っているのだ」と破壊的メッセージを与え続けた人がいる。「だめだなあ」と嘆かれ続けた。

こうして、一方的な方法で学習させられた感情を、真実とは違っていると思うことが「心の成長」である。十回や二十回言ったから、それでいいというものではない。百回でも千回でも、そう信じられるまで言い続ける。「心理的な死」から生き返ることが、人生の真の戦いである。

「食わず嫌い」という言葉がある。食べなければおいしいか、まずいかは分からない。しかし食べないうちに「おいしくない」となってしまう。

possible lossをestablished factと考える人がいる。うつ病者のものの考え方の特徴がこれであると、精神科医アーロン・ベック（1921〜）は言う。やってみなければ分からないけど、やってみないことが「できないに決まっている」と思ってしまう。

同じことを恐怖感でもしている。これから先に起きることを怖がっている。

とにかく不安な人は思い込みが強い。

●勝手に責められていると感じる心理

「被責妄想」という心理がある。「被害妄想」から考えた私の言葉である。

被害妄想とは被害を受けていないのに、あるいは被害を受ける可能性がないのに、被害を受けていると思っている心理である。

同じように、被責妄想とは相手から責められていないのに、責められていると感じてしまう心理である。

心理的健康な人なら相手を見て、相手の現実が分かれば、相手が自分を責めていないということが分かる。ところが、ナルシシストにとっては、相手の現実がなくて、自分の現実だけが唯一の現実である。

相手に対する思いやりがゼロであると同時に、相手の現実がゼロである。相手がなにを考えているのか、相手がなにを感じているのか、相手がなにを言わんとしているのかは、ナルシシストにはまったく関係ない。

物事はすべて自己中心的に解釈する。「私は責められた」と感じれば、責められたのである。私が「あの人を好きだ」と思えば、それであの人と私は友だちになる。それがナルシシストである。

普通の人は、相手との関係は相手との了解の上で決まる。しかし、ナルシシストは相手との関係を自分が一人で決めてしまう。

被責妄想はつらい。いつも自分は責められていると思っているのだから、生きるのはつらい。不愉快である。いつも怒りが湧いてくる。その怒りが表現されないままに、心の底に堆積（たいせき）していく。

被責妄想だけでも生きるのがつらいのに、ナルシシストにはその他に、いろいろな心の病がある場合が多い。

例えば、「自己関連妄想」という言葉がある。

昔、ある人が悩んで相談にきた。「大学の講義で教室に入ると、自分のことを笑う人がいる」という。事実は、教室にいる学生は、その人のことを笑っていない。大学にはいろいろな人が講義を聴いている。友人同士で座っている人がお互いに「笑っている」ということが多い。しかし、それは友だちと笑っていて、その人のことを笑っているのではない。

また、その人は「公園に座っていると、通る人が私のことを振り返る。みんなが私の噂話をしている」と悩んでいる。大学のキャンパスにいても公園にいても、人は歩いている。そこで人は話をしているし、笑っている。すると、「私のことを噂している」と思ってしまう。

要するに、自己関連妄想とは、自分にはまったく関係のないことを、関係あると思ってしまうことである。そうなると社会の中で毎日生きているのは大変である。なにをしても勝手に「私を軽蔑した」と解釈してしまう人がいる。私は「被蔑視妄想」と呼んでいる。

そうして生活をしていれば、毎日は怒りである。怒りを感じ、不愉快になり、それが表現できないで憂うつになる。

そうした体験が続けば、死にたくなるのも当たり前のことである。

●「誰も私のことを分かってくれない」と言いはじめる

そうした不愉快な感情が毎日蓄積され、その感情的記憶で、毎日の経験に反応していく。その人の感情的記憶は異常に膨れあがっている。その反応がまた、普通の人とは違う。そこがまた理解されない。

その心理過程を誰も理解してくれない。自分が怒りを持っているのに誰もその理由や原因を分かってくれない。自分の不快感を、自分の憂うつを誰も理解してくれない。

誰も自分のつらい気持ちを汲み取ってくれない。そうなれば「誰も私のことを分かってくれない」と悔しくてどうにもならなくなって当たり前である。

その根本にあるのは、他人の現実がないというナルシシズムである。

被害者意識の根底にあるのはナルシシズムである。

ナルシシストは悩んでいる人である。悟りとは、ナルシシズムが解消された心理状態である。

他人の現実がない、自分の現実が唯一の現実であると言うと、ナルシシストは好き勝手な生き方をしていると想像する。しかしナルシシストの人生は普通の人よりはるかにつらい人生である。

もちろん好き勝手な生き方をしていると言うことは客観的にはその通りである。しかしそれは他人から見てそうなのであって、ナルシシスト本人は、好き勝手な生き方をしていると思っていない。まったく逆に思っている。

ナルシシズムはネクロフィラスや近親相姦願望と共に衰退の症候群の一要素である。衰退の症候群とは、エーリヒ・フロムの言葉である。

ナルシシストは、例えば事実はパワーハラスメントの被害を受けていないのに、パワーハラスメントを受けたと思い込んでしまう。そういう場合がある。

客観的にはパワーハラスメントでなくても、ナルシシストは、自分はひどいパワーハラスメントの被害に遭っていると思っていることがある。

メンヘラ社員というと好き勝手なことをして、仕事をきちんとしていない、責任感がない、困った社員というイメージである。周囲の人は、メンヘラ社員の人をそう思っていることが多い。

しかし、メンヘラ社員と周囲の人から見られている本人は、毎日がつらい。不満である。怒りもある。そこで被害者意識が強い。

そうしたメンヘラ社員の心理の根底にあるのはナルシシズムである。こうしたメンヘラ社員の心理について今までの説明で言えば、社会的不能症である。

社会的には役に立たない。メンヘラ社員は、会社側からすれば、採用を間違ったと思っている。

客観的には間違っているのだろうが、メンヘラ社員の側からすれば、不当にこき使われていると思っている。

●とにかく人に関心を持たれるのが好き

彼の好きなものは、唯一自分の誇大な自我イメージである。ナルシシストは自分の誇大な自我イメージと恋に陥っている。

とにかく人に関心を持たれるのが好き。自分のことが人から褒められるのが好き。

逆に自分は人に関心がない。従って心理的に人と関わることができない。人と気持ちが触れ合うことがない。

人との個人的な人間関係ばかりでなく、他の現象についても同じである。

ナルシシストが国際関係を考える時も、関係の中での自国を考えることがない。とにかく自分の国であって、自分の国がどういう国際環境にあるのかには関心がない。

世界の中の日本ではなく、とにかく日本だけ。

ナルシシストが日本を考える時には、世界の中の日本の位置がない。日本の憲法がどうなっているかであって、世界の中で自分をどう守るかがない。

大人になっても、小学生の考える日本の位置と同じである。つまり、すべてにおいて自己中心的。

そしてその誇大な自我のイメージを持ちながら、それを崇拝している。(註14)

ナルシシズムの英語の論文にOvert narcissismという言葉が出てくるが、誇大な自我のイメージに酔っているのはこの「あからさまなナルシシスト」である。

これが自己拡張型タイプである。しかしその心の底には自己消滅型と同じ要素を持っている。(註15)いずれにしても自我の確立はない。

第2章
「ひどい目に遭った」という被害者意識

●無意識では孤独だから、たくさん友だちがいると誇示

ダン・カイリーのいう「ピーターパン症候群」と言われる人々がいる。心理的成長に失敗した若者である。

「メンヘラの精神構造」とは、心理的成長に失敗した人の精神構造である。

彼らは、孤独から目を背(そむ)けるために集まって騒ぐ。だから表面的にはパーティが好きである。

要するに、燃え尽き症候群でもあり、ピーターパン症候群でもあるのがメンヘラといわれる人である。

両者の違いはどこにあるか。

燃え尽き症候群が抑制型の人であり、ピーターパン症候群が非抑制型の人である。

とにかく心理的成長に失敗した。今いる場所を間違えている。

メンヘラといわれる人は、ピーターパン症候群と同じように無責任。それは、青年期の課題の解決に失敗して、物事に興味と関心がないから。

無意識では孤独感に苦しんでいる。自分にはたくさんの友だちがいると誇示する。友だちがいるふり。従って、それを否定されるとものすごく怒る。友だちという幻想にしがみついている。そこに偽りのプライドがかかっている。

単なる知り合いをたくさん作ればいい。しかし、本当の友だちは作らない。作れない。

●年齢別に変化する心理

好き嫌いがないというのではなく、好き嫌いがないということに気がついていない。

この病理が進むと、自分が若くて体力があるのに、なにもしないでブラブラする。ニートなどと言われるような人たちも現われてくる。年老いた親が、若くて体力のある自分の世話で苦労をしている。それを当たり前のことと思う。

彼らにはまだナルシシズム、母親固着がある。母親から心理的乳離（ちばなれ）をしていない。5歳児の大人であり、大きくなった幼児である。とにかく褒めてもらいたい。

褒められていないと、自分は価値がないものと感じるようになる

だから、いったんナルシシズムが傷つけられて不機嫌になると、なかなか直らない。

ピーターパン症候群は、次の四つを基本的症状という。(註16) 態度、考え方、生き方、言動などを含めて症状という。

ダン・カイリーは、12歳から17歳までは無責任、不安、孤独、性的葛藤だという。18〜22歳までは、先述の四つにナルシシズムと男尊女卑が加わるという。

そして最後の社会的不能症となる。この時期に学生時代が終わって社会人になる。この時期が会社に入ってメンヘラ社員といわれる時期である。

要するに、メンヘラ社員は無責任なナルシシストである。

ダン・カイリーによると、45歳以上になると、憂うつや苛立ちが目立ちはじめる。もう一度、青春を取り戻そうといろいろなことを企てはじめる。

なぜ、憂うつや苛立ちが目立ちはじめるか？　それは一度として、自分が本当にしたいことをしていないからである。

●幼少期から周囲の期待に応え過ぎて人生が狂う

フロムは、「衰退の症候群」として、ナルシシズム、母親固着、ネクロフィラスの三つの複合体を挙げている。

今回の「メンヘラの精神構造」の中心は、ナルシシズムと母親固着である。さらに、もう一つ参考にしなければならないのは、「燃え尽き症候群」である。

心理学者フロイデンバーガー（１９２６〜99）が、燃え尽き症候群の人は「善意の意図」と「間違った選択」と言っている。

メンヘラ社員が、「善意の意図」かどうかは別にして、そもそも今の会社にいることが「間違った選択」なのである。

燃え尽き症候群は、そもそも目標の選択に誤りがあった。アイデンティティーの確立がないから。(註17)

メンヘラ社員は、なぜ目標の選択を間違ったか。小さい頃、周囲がその人にそれを望んだから。その期待に応えようとした。

自立していないから。つまり、心理的課題が未解決のままで社会的、肉体的に大人になってしまった。

そのような目標の選択をした時に、その人がどのような人間環境の中にいたか、どのような社会的枠組みの中にいたかということである。

自分の弱さを認めることは、メンヘラ社員や燃え尽き症候群の人にとっては死ぬほどつらい。

メンヘラ社員は、外から見ると陽気に見える時があるが、喜びのない祭り、空虚な明るさでしかない。

心理学者マーティン・セリグマン（1942〜）の実験で、あることで身についた無力感は転移するという。同じように、あることで身についた恐怖感は他の状況でも働く。

小さい頃、父親との関係で身についた恐怖感は大人になっても、その人の人生を支配する。他の人と向き合った時に、その昔、学習した恐怖心が作用してくる。

神経症的傾向の強い親がすぐに怒るので、怖くてなにも言えなかった少年は、大人になって自分を愛してくれる人に向かっても、怖くて言いたいことを言えない。

どうしても、言うべきことを言えない。言えなかったことで、後で悔しい思いをする。相手が怒るのが怖いのである。事実は、怖がる必要はないのに怖い。

こういう人は、相手はやさしい人なのに、パワーハラスメントする人と勝手に思い込み、怖がっていることがある。

●幼少期の恐怖は、他人はなかなか理解できない

ある本に次のような説明があった。ベルを鳴らすたびに、床に設置した金属板から、馬の足に電気ショックが伝わる。馬はベルの音と電気ショックを関係づける。電気ショックで蹄（ひづめ）を床から離す。条件反射である。

電気回路を切った後でも、ベルの音で蹄を上げる。蹄を上げる行為が正しい行為とますます確信する。

「事実上この馬は、過去においては適切であったが、すでに無意味となった行為に固執する。（註18）」

小さい頃、人に責められて成長してきた。その生活は恐怖である。すると、大人になって「どうするか」という選択をする時に「あの生活に陥ることを避ける」ということが基本になってくる。

人の選択を見ていると「なんであの人は、あちらを選んだのか」と不思議に思う。常識から考えて、あまりにも不合理な選択だからである。

しかし、その人の感情的記憶を理解すれば、それは決して不合理ではない。

幼少期の恐怖は簡単に消えない。情緒的未成熟な親との生活が、ＰＴＳＤとなっているのである。(註19)

無意識の感情的記憶ということは、どういうことか。

扁桃核に蓄えられている記憶が人によって違う。無意識の感情的記憶は人によって違う。だから、人に対しても自然に対しても、人の反応はそれぞれ違う。

無意識に蓄えられた感情的記憶は、人によって違うということを理解しないと、人を理解することができない。

自分が生まれた家に巨万の富が蓄えられているか、巨額の借金があるかよりも、各人にとっては違う。

すべての動物はFear-learning mechanismを持っていると恐怖感の研究家で心理学者のジョゼフ・ルドゥー（１９４９〜）は言う。

「感情は脳の別の箇所から生まれてくる。そしてそれを逃れることは意識から逃れるよりもずっと難しい。[註20]」

●いじめられる人は、言い返せない

いじめられる人は、いじめられても「言い返せない」という。それは言われた時に心理的にすくんでしまうからであろう。

いじめられた感情的記憶がない人は、「言えばいいじゃないか」とか「言い返せばいいのよ」と言うかもしれない。しかし、それは感情的虐待の記憶のある人には「できない」ことなのである。

足を蹴飛ばされた時に、体がすくんでしまうのであろう。「蹴飛ばし返せばいい」と言うのは、幼児期からの感情的記憶を無視した言い方である。

蹴飛ばされた時に、いじめられてきた人は、自分に網がかかってしまうのだろう。それが幼児期の感情的記憶である。

ある問題に心を奪われてしまうのは、その人の扁桃核が危険と感じることに始まる。

だからこの扁桃核の恐怖のシステムを前頭葉の働きで、変える努力が必要である。くり返し、くり返し努力することしかない。

小さい頃のストレスやショックが大人になっても尾を引く。

神経症的傾向の強い親に育てられた人にとって、解決しなければならない最大の問題は、心の中にしっかりと植え付けられた恐怖心をどう乗り越えるかということである。

しなければならないことは、イラショナル・エモーションの処理である。

理屈が通らない。それでも本人の感情はそうなっている。感情論理である。イラショナル・エモーションの処理は難しいが、今までしたことのないようなことをしてみる。勉強したことのないことを勉強してみる。今までゴミ箱と思っているような場所に行って、手を合わせてみる。

今までの囚われの価値観からするとゴミ箱であっても、もしかすると、それは価値ある場所かもしれない。

イライラしてお風呂に入る、汚れを落とすためにお風呂に入る、そんなお風呂の入り方をして育った人がいる。話し合いながらお風呂に入った時、感情を吐き出せるかもしれない。

ゴミは毎日ゴミ袋に入れて家から捨てている。うつ病者などは、それを捨てないで家の中に持ち続けているようなものである。

その生ゴミのにおいで家中が臭くなっている。その臭いにおいのするゴミが堆く積もった家の中で食事をしても、臭いのと汚らしさで、楽しい食事とはいかない。

●トラウマは知らない間に潜むから、自分でも気づきにくい

ＰＴＳＤは、極めて理解しにくい。

自分でも、なんで自分がこの言葉にこんなに落ち込むかが分からない。ある人が言った言葉でうちひしがれる。自分でも自分が理解できない。

それはその相手の言った言葉が検索情報となって自分の脳の中に蓄積されている感情を引き出してくるからである。

感情的記憶は無意識である。意識されていないが脳の中にはある。その自分に意識されていない蓄積された感情が、相手の言葉で引き出されてくる。

ある悲痛な体験をする。その体験が無意識に蓄積されている。その悲痛な体験を呼び出してしまうのである。

ある人からものすごい屈辱を受けた。生涯忘れることのできないような屈辱的体験を受けた。自殺したかった。死ねるものなら死にたかった。それほど悲痛な体験である。

ある人の姿とか、ある人の言葉でその時の体験の苦しみが呼び出されてしまう。

だからその悲痛な体験とは無関係な人には「なんでその人がそれほどその言葉で苦しむのか」が理解できない。

関係ない人には「その言葉」は、単に「その言葉」である。しかしPTSDに苦しんでいる人は、そのかつての悲痛な体験を再体験しているのである。

ある言葉である人は震えが止まらなくなる。しかし、第三者から見ると、「なぜ、なんでもない言葉でその人が震え出したか」が理解できない。

●同じ状況でも人によって受け取り方が違うのはなぜか

「軍隊で『ひどい目に遭った』と言うのは、非寛容な者が寛容な者の5倍であり、また『いい経験だった』といった者の大多数が寛容な者であった。」(註21)

「ひどい目に遭った」といったからといって、事実が「ひどい目に遭った」ということとは違う。その人が経験した事実を、その人が「ひどい」と解釈したのである。

軍隊での体験からすれば、会社の体験など比較にならないほど安易なものである。

良い意味であるか、悪い意味であるかは別にして、「厳しい上司」がいる。同じ上司の部下がいる。

その上司と一緒に仕事をした部下で、「上司にひどい目に遭った」と言う部下がいる。そういう部下は、被害者意識で騒ぐだろう。

しかし同じ上司でも、みんながパワーハラスメントされたと騒いでいるわけではない。「いい経験だった」と言っている部下もいるだろう。それは被害者意識のない人だろう。

被害者意識で騒ぐ人も、騒がない人も同じ体験をしている。そして両者ともに嘘をついているのではない。本当にそう感じているのである。

「パワーハラスメント認知と自己愛、性別の関連」という論文がある。(註22)

その論文によると以下のようである。

平成28年度職場のパワーハラスメントに関する実態報告書によれば、パワーハラスメントをしたと感じたり、指摘されたりしたことがある人の割合は11・7%に過ぎなかった。それにもかかわらず、過去3年間に3人に一人がパワーハラスメントを受けたと回答したことが報告されている。

このことからパワーハラスメント認知には、大きな個人差があることが推測される。

このように書いたあとで次のように続く。

「ハラスメントという言葉が、個々人の心理的・精神的状態を示しているため、特定の個人による特定の言動が実際にパワーハラスメントに該当するかは個人の主観によって認識が異なり得ると述べている。(註23)」

まさにその通りであろう。その重要な点はおそらく、人によって「上司」とか「会社」というイメージが違うことであろう。

元々、会社が嫌いな人と、会社が好きな人がいる。嫌々働いている人と、その会社で働くことが生きがいの人がいる。それだけでも上司のいう同じ言葉が、部下によって違って受け取られる。

上司をどういう視点で見ているかが違う。

病院についての調査がある。病院とは「こういうものだ」という視点が痛みに与える影響を調べた。(註24)

詳しく書くと長くなるので、要点だけ書くと、心理的に異なる目で見た病院での同じ体験は、もはや同じ体験とはいえず、その違いは投薬量の減少や回復の早さという点ではかれる。

「パワーハラスメントの認知には個人差があり、同じ状況にあっても他者の言動をパワーハラスメントだと認知する人と認知しない人がいる。[(註23)]」

それは当然予測できることであろう。

●パワハラと自己愛の関係

「労働者のパワーハラスメント認知には個人差があり、さらにその個人差は労働者の自己愛に関連があり[(註23)]」。

自己愛の強い人は、物事を見る視点が少ない。人との関係で柔軟でない。なによりも相手の視点を受け入れることができない。

当然、自己愛の強い人と自己愛のあまりない人とでは、上司の言動に対する反応は違ってくる。

すでに述べた被害者意識とナルシシズムの関係である。

人はまったく違った環境で成長してくる。この本でも何度かいうように地獄に生まれる人もいれば、天国に生まれる人もいる。

小さい頃、失敗していなくても失敗したと責められた人もいる。親のその時その時の感情で責められた。そうすれば、失敗が脅威になるのは当たり前である。事態を脅威に感じるのは当たり前である。

そういう人と許容的な雰囲気の中で成長した人と、怯（おび）えの感覚が違うのは当たり前である。その違いは決定的である。

いつ親に責められるか分からないという脅威の中で成長した人と、安定した許容的な雰囲気の中で成長した人とでは、大人になってからの周囲に対する怯えの感覚は違う。

心理学者ゴードン・オルポート（1897〜1967）の偏見の本を読んでいたら「脅威志向」という言葉が出てきた。(註25) もとの言葉はthreat orientation.である。

偏見を持った人には、この「脅威志向」があるという。

そして、この「脅威志向」は許容的な雰囲気の家庭で育った子どもよりも、そうでない家庭で育った子どものほうが持っている。それは調査に基づかなくても、普通に考えてもそうだろうと思う。

この「脅威志向」を持っている人たちは、パーソナリティーの根底に不安定感がある。これもごく普通に考えればそうである。

幼児期にビクビクして成長すれば誰でも「脅威志向」を持つ人になるだろう。そして周囲の世界にビクビクしていればパーソナリティーの根底は不安である。

「脅威志向」が高くパーソナリティーが不安定な人は、当たり前であるが「ひるまないで、まっすぐに世間に立ち向かうことができない。」(註26)

「ひるまないで、まっすぐに世間に立ち向かうこと」が、怯えていないということである。

そしてオルポートは、偏見はこうした態度の副産物だという。

そしてこの「脅威志向」は許容的な雰囲気の家庭で育った子どもよりも、そうでない家庭で育った子どものほうが持っている。

「寛容な児童は、許容的雰囲気の家庭に多いようである。彼らは歓迎され、認められ、なにをしてもいいのだと感じる。ひどい罰とか気まぐれの罰がなく、いつなんどき頭上に親たちの雷が落ちるかもしれないぞとばかり衝動を警戒しなくてすむ。（註27）」

●家庭という名の強制収容所

脅威志向の強い人は、家庭という名の強制収容所で成長した。それがオルポートのいう脅威志向の高い人であろう。そして、脅威志向の高い人は悲観主義になる。それは小さい頃から「大変なことになるぞ、大変なことになるぞ」と脅されて生きてきているからである。

そして問題は成長の過程で、彼らにとっては、実際に「現実は敵」であった。現実は彼らにとって事実、脅威であった。それがオルポートのいう脅威志向が高い人である。

成長期に安心感のない人は困難恐怖症になる。客観的に困難ではないことも、脅威志向の高い人にとっては困難なのである。

そして、脅威志向の高い人は悲観主義になる。現実は彼にとって脅威であったのだから。

客観的にパワーハラスメントではないことも、脅威志向の高い人にとってはパワーハラスメントなのである。

「自己愛が高い部下は自己愛の低い部下よりも上司の教育・指導をパワーハラスメントと認知しやすい傾向にあることが分かった。(註28)」

ナルシシストといわれるような人は、殺人者に囲まれている世界で生きている。ベラン・ウルフは「現実は味方」という表現をしているが、そう感じることができるようになるまでは、脅威志向の高い人の悩みの解消は無いだろう。

ここで日本人の重要な傾向を理解しなければならない。

それは被害者意識と悲観主義である。そしてこの二つの根底にあるのはナルシシズムである。

自己憎悪している人は、周りが敵である。

「こうならなければ、自分は許されない」と感じて生きてきた。「こうならなければ、周りの人は自分を許さない」と感じて生きてきた。

それはつらい人生である。

怯えた心というのが、実際には脅威ではない世界を脅威に満ちた世界にしてしまう。

「偏見がかった児童の素地としてきわめて多いところの『脅威志向』は、寛容な児童の生育史には比較的見あたらない。その生活の基調は脅威ではなく安定である。[註29]」

なんの努力もしないで、無責任にただ人を批判する人がいる。脅威志向が高い人は、そういう無責任な人を、小さい頃の重要人物と同じ影響力のある人にしてしまう。

「こうした内面的要因の発見が、より新しい洞察力を持った魂をつくる[註30]」

大人になって周囲の人を敵と感じていることは、もしかすると小さい頃の脅威志向の問題かもしれない。

それを乗り越えることが、その人の心の成長には欠かせない心理的課題である。

脅威志向を克服するには、心理学者ロロ・メイ（１９０９〜94）のいう「自己の内なる力」を育成することである。

小さい頃の環境で脅威志向の神経回路が、そのようにでき上がっている。

励まされて育った人と、脅されて育った人では、同じ心を持った人間ではない。

事実に対する自分の解釈が自分を侮辱しているのに、事実が自分を侮辱していると思う。

そこで事実を歪めて解釈してしまう。それが偏見である。

そうなれば自我価値の剥奪から自分を守ろうとして偏見にしがみつく。偏見にしがみついていれば、自分は価値のある人間と思い込んでいられる。偏見もまた「心の自傷行為」である。

そうして自分の人生の可能性を捨てていく。

●外科医が神経症だった場合の実験結果

なぜ「自分はこういう人間である」というその既存のカテゴリーに囚われるか？

それはその人に思い込みがあるがあるから。その人の心の根底に不安感があるから。

ハーヴァード大学の麻酔科医ヘンリー・ノウルズ・ビーチャー（1904〜76）は、治療が必要なほどの激痛の頻度を、第二次大戦で負傷した兵士と一般人の対応群とで比較した。(註31)

男性患者300人のデータである。兵士は広範囲にわたって負傷していたが、モルヒネを用いた治療を求めたのは32パーセントだけだったのに対し、一般人のほうは83パーセントだった。

反対からいうと、モルヒネを用いた治療を求めない兵士は68パーセントだったのに対し、一般人のほうは17パーセントだけだった。

調査対象の兵士は広範囲にわたって負傷していたが、ショックを受けることなく、精神的に安定していた。

驚くべきことは、戦争での負傷者は比較的痛みから解放されていた、ということである。苦しみにおいて、痛みに対する反応の局面は、痛みの元の感覚よりもしばしば重要だとこの論文はいう。

注目に値するのは、負傷した兵士たちは楽観的で、陽気でさえあったということである。

兵士は戦場から野戦病院に運び込まれている。彼らは絶望的に不安な地域から比較的安全な地域に運び込まれている。

戦場から野戦病院に運び込まれた兵士は、自分にとって災難は終わったと考えていた。傷の程度からいって、市民病院の外科手術の患者より戦場の兵士のほうが痛みはひどくてよかった。しかし実際には逆だった。

要するに苦しみに対する反応、あるいは苦しみの構成要素は、元の痛みの感覚と同じくらい、おそらくそれよりも重要である。

痛みという生理的現象でさえ、心のあり方に大きく左右される。同じ傷をしても同じように痛いのではない。

「どんな治療でも医者と患者が信じていれば3分の1は良くなる。プラシーボ効果の血圧を下げるセルピンと同じ。プラシーボ効果は副作用まで同じに表われる。

狭心症は、心臓へ栄養と酵素を運ぶ冠動脈が閉塞している。胸が痛い。冠動脈へ血流の良い動脈をつないであげればいい。

狭心症の痛みを訴えた人への手術。実際に手術をした患者。胸に手術の跡を付けた患者。同様の症状改善が見られた。

つまり、ニトログリセリンの消費量の減少と運動量の増加において、違いが見られなかった。

熱意のある外科医の患者は、手術後の経過が２３３人中43％がいい、熱意のない外科医の患者は手術後の経過が59人中たった10％がいいだけである。(註32)」

熱意のない外科医ならまだ良い、神経症の外科医だと患者はたまらない。

神経症者は、無意識に相手を侮辱しようとしている。神経症的傾向の強い医師は、無意識に患者を侮辱しようとしている。

心理的に健康で、かつ熱意のある外科医に診てもらうのと、神経症的傾向の強い外科医に診てもらうのとでは、同じ治療を受けても、治療効果はまったく違う。

そもそも同じ医師と考えることに無理がある。メンヘラ医師と、心理的健康な医師では、まったく違う医師である。

●事実といっても、「客観的」と「心理」で異なる

客観的事実と、心理的事実はまったく違う。
自分が今感じている感じ方は、心配であれ、恐怖であれ、不愉快であれ、イライラであれ、怒りであれ、恨みであれ、この事態に対する自分の反応は、唯一の反応ではないということを忘れてはならない。

会社でパワーハラスメントを受けたと感じた時には、自分のナルシシズムと脅威志向を考えてみる。もしかすると事実は、自分はパワーハラスメントの被害者ではないかもしれない。

もっといえば、もう一つこういう人は近親相姦願望が強い。会社をすぐに辞めるタイプである。現実にパワーハラスメントの被害を受けていないのに、被害者だと騒ぐ人は、もともと良い人間関係が会社でできていないから、会社をすぐに辞めるタイプである。

結婚すれば、すぐに浮気をするタイプである。

「母親固着の人は、母に似た妻を選ぶ。母親のように保護し、養い、世話をしてくれる女性を必要とする。この種の女性を獲得しかねると、軽い不安感と抑うつ状態に陥りやすい。[註33]」

つまり彼は褒められたい、保護されたいという退行段階に入っている。そういう男性は、相手が褒め言葉をいってくれなければ、それを批判と受け取る。

このタイプと、実際にパワーハラスメントの被害者とは、分けて考えなければいけない。

このタイプの人は常に称賛を必要としている。母親固着の第一段階である。子どもの母親への依存心には排他的な愛情要求、独占欲が含まれる。独占したいし、独占されたい。それが母親固着である。

自分が母親にとって、すべてであって欲しいという欲求を持つ。

この要求がかなえられないと、不満から敵意を抱く。

しかし、多くの場合、この敵意は無意識に追いやられる。そして生涯、その人の人生を支配し続ける。

排他的な愛情要求が満たされないと、恋愛をしても恋人に排他的な愛情を要求する。それが満たされないと被害者意識を持つ。

困った時に小さい頃から助けてもらっていない。一人で生きてきた経験からの解釈である。


母性的愛を失った子どもの場合には、まず「守られていない」という感覚を持つ。人間がもっとも必要とする「保護と安全」が感じられていない。助けてもらいたい時に助けてもらっていない。

困った時に誰も助けてくれない。そうした幼児期、子ども時代を経て、被害者意識を持つ大人に成長していく。

次第に慰めを求め出す。「愛情を求める最初の努力は、対象無差別的なものであった」(註34)対象無差別に愛情を求める人は、他方で被害者意識を持っている。

●単に目の前のトラブルに差し替えただけ

ドイツの精神科医フリーダ・フロム＝ライヒマン（１８８９〜１９５４）は「transform」という言葉を使っている。トランスフォームとは、「置き換える」ということである。

例えば、ボストン大学で取った単位を早稲田大学の単位に「移すこと」がトランスフォームである。

自分の普通預金口座から定期預金口座にお金を「移すこと」がトランスフォームである。

同じことが人間関係でもいえる。

つまり現在、ある人と付き合っている。その人といろいろと困難な問題を抱えている。今の人間関係が上手くいっていない。

それが恋人であるか、同性の友人であるか、職場の人間関係であるか、夫婦関係であるかは別にして、現在、人間関係でいろいろとトラブルを抱えている。

その今のトラブルは過去の未解決のトラブルを移し替えたものであることがある。

例えばその人が小さいころから父親との関係で「服従と敵意」の矛盾した関係に悩まされていたとする。表面的に父親に服従しているが、無意識では父親に敵意がある。

そんな矛盾した関係を未だに心理的に解決できていない。

それを今付き合っている人に「移し替える、置き換える」ということがトランスフォームである。

つまり、今の近い人に素直になれない。

「我々の大人になってからの人間関係の困難さは、小さい頃の人間関係の点から理解されなければならない。[註35]」「我々の大人になってからの人間関係は、小さい頃の重要な他者との人間関係における未解決の困難が転移したものである。[註35]」

「後年における対人的困難は初期の強い対人的結びつきの観点から理解されなければならない。ことに患者の医師についてのいろいろな経験は、精神療法の目的のために研究され理解されなければならない。そうした経験は、患者の幼児期の重要な人との対人関係における、未解決な困難から置き換えられたものである。[註36]」

現在の対人的結びつきというのは、幼児期の重要な人との堅い結びつきのトランスフォームであることが多い。大人になっているのに幼児期の重要な人からの束縛に苦しめられている。

つまり大人になった今、対人的困難でいろいろと抱えているのは、幼児期に重要であった人からの束縛から未だに逃れられないということである。

とにかく自分の幼児期に重要であった人からの心理的束縛から逃れることが死活問題である。

第3章
根底に潜むナルシシズムとは？

●実際には、それほど被害に遭っていない場合も

「自分はこんなに被害を受けた」ということばかり言う人がいる。しかし、もしそれが本当なら、その被害を乗り切って、自分が今日あるのは誇れるはずである。それだけの困難を乗り切って今日、自分があるのは、その人の素晴らしい力の証明なのである。

もしそのように自分の過去を誇れないで、被害を受けたことばかり言っている人がいるとすれば、その人は、もしかすると実際にはそれほど被害に遭っていないのかもしれない。

単に被害者意識の強い人というだけのことかもしれない。

いつまでも文句を言う人は、単に神経症的愛情要求が強いから、被害に遭ったように思い込んでいるというだけのことかもしれない。欲求不満の変装した姿が被害者意識かもしれない。

それともう一つの可能性がある。受け身の人である。相手との関係を常に被害者意

識で解釈する。あるいはナルシシストである。

そうでなければ周囲の人から受けたひどい仕打ちを思い出しながらも「それを乗り切った私」に対する誇りがあっていい。

フロムは性格類型の中で「受容的構え」（Receptive Orientation）という性格を挙げている。

親が支配的な時、子どもは親に迎合する。これが従順な「良い子」である。親に本当の意味では愛されなかった人である。

そうして成長すれば、肉体的、社会的には成長しても、心理的な成長はない。

そこで愛情飢餓感が強く、愛の問題はいつも愛されることであって愛することではない。

この受け身の心構えやナルシシズムが、本人を被害者意識の強い人にする。

受容的構えの人は「愛の対象を選ぶのに無分別でありやすい」とフロムはいう。

●愛されなかった人は、誰かに絡む

愛されなかった人は、愛する能力がない。でも、もしかしてそれでも人の世話をしようとする人がいるかもしれない。

しかし、それは手と足を怪我して、包帯を巻いている人が、それでも酔っぱらいがきたら、世話をしようとするようなものである。

こういう人の被害者意識は愛されるために、「可哀想に」と周りの人から褒めてもらうためである。

包帯を巻いている人が、けっ飛ばされた。「可哀想に」と言ってもらおうとする。愛に飢えている人は、しつこい。一回、「大丈夫？」と言われたら、またするだろう。

愛されなかった人は、誰かに絡む。自己憐憫（れんびん）も、同情を求めている。自殺未遂もそう。みんな注目が欲しい。

絡む人は、こちらが助言や援助を与えれば、相手はありがたがって受けるものだと決め込んでいる。

「おまえの将来を思えばこそ」とありがた迷惑なことをする。

絡む人の期待に応えないと、「人がこんなに親切にしてあげているのに」と恨む。

「貴方のためなのに」と言う人は、無意識に強い他者否定の構えがある。

どこの文化にもあるが、「誰も私のことを分かってくれない」という人は日本で多い。

カレン・ホルナイは怒りの反応の形をいくつか挙げている。

怒りは自由に表現される場合もあるが、被害が強調される場合もあるという。

その時に怒りに正当性がなければないほど、怒りは誇張される（to plunge into misery and self-pity）。

怒りという恐怖感に、向き合う人と、逃げる人がいる。

向き合わないと、怒りは無意識に抑圧されて、例えばうつ病になるようなこともある。

向き合わないと、怒りはその人の無意識に存在し続けるから、攻撃性は不可避である。

そしてその怒りや憎しみの変装が被害者意識である。つまり被害者意識は強迫性を持つ。被害者意識を持たないではいられない。

いずれにしろ怒りは変装がうまいというように、いろいろと変装する。

対人恐怖では、他者の視線への恐怖は被害者意識となって現れる。（註37）

●ナルシシズムが傷つけられた時に、「どうするか」

被害者意識は攻撃性の変装した意識である。苦しみは非難を表現する手段である。（註38）

ある人が「苦しい！」と言う時は、言語的メッセージとしては「苦しい」であるが、非言語的メッセージとしては「あなたが嫌いだ！　殴りたい」という意味である。

日本人にはプラスの特徴も多いが、日本人のマイナスの特徴を挙げて見ると次のようなものがあるだろう。

1．悲観主義

2. 被害者意識
3. 自己憐憫
4. 犠牲的役割

これらはみんな「隠された怒り」の表現である。

攻撃性は、みじめさの誇示など巧妙に悲観主義に変装する。

悲観主義は巧妙に擬装された攻撃性である。(註39)

その攻撃性を生み出しているものがナルシシズムである。

被害者意識と悲観主義。この二つの根底にあるのがナルシシズムである。

ナルシシズムの歪んだ表現が被害者意識と悲観主義である。(註40)

この四つの特徴は、「私のことを、もっと誠意のある世話をしてくれ」という要求である。

これらは強烈な依存性と敵意のあるしつこさを表している。

反抗的な大人は他人の力を過大評価している。そして反発に囚われている。

世話してくれる人に逆らいながらも世話してくれることを求める。

自己蔑視している人や、ナルシシストなどは傷つきやすい。そして傷つくと敵意を持つ。

ただ「依存と敵意」と「ナルシシズムと攻撃性」の違うところがある。

依存的敵意は、依存の対象に敵意を持っているのだから、敵意を持ちながらも敵意の対象から離れることはできない。敵意を持ちながらも相手に絡みつく。

それに対してナルシシズムと敵意の場合には、相手に絡みつくというよりも、相手を破壊したいという気持ちが強い。

依存的敵意では憎しみを持ちながらも別れられないが、ナルシシズムと敵意の場合には「二度と会いたくない」というような気持ちもある。相手を破壊することもできる。

人はナルシシズム的損傷に対する防衛として、被害者の立場をとる。（註40）

これは重要な指摘である。

ナルシシズムが傷つけられた時に、「どうするか」ということである。その時に自我価値の防衛のためには、被害者意識に頼るのがもっとも安易な方法であろう。

ナルシシズムの損傷は怒りの強力な源である。ナルシシズムが傷つけられた時の怒りはすごい。この点については日本では触れている論文に出合ったことがないが、社会的問題を理解するためには極めて重要なことである。

ナルシシストは心の傷を回復するために、犠牲者の役割にしがみついている。(註40)

●ナルシシズム↓攻撃性↓悲観主義

悲観主義は隠された怒りである。アドラーは、悲観主義は巧妙に擬装された攻撃性であるというが(註40)、見事な洞察である。

悲観主義を生み出しているのが攻撃性であり、その攻撃性を生み出しているものがナルシシズムである。

ナルシシズムの歪んだ表現が被害者意識と悲観主義である。

悲観的考え方を延々と言っている人がいる。

それに対して「そんなこといつまで言っていても、意味ないから止めなさい」と言われても、止められない。それは、その人の感情表現であるから、止められない。

止められないのは傷ついた怒りの感情表現だからである。自分の感情表現を否定されて不愉快にならない人はいない。

ナルシシストは、傷つきやすい。

ナルシシズムが傷ついた時には怒りや敵意が生じる。そして攻撃性が生じる。しかしその攻撃性は直接的に表現されない場合がある。

その結果としての憂うつな気分は避けられない。現実否認から生きるエネルギーを消耗する。

傷ついたナルシシズムは、直接表現されないと、最終的には巧妙に悲観主義や被害者意識に擬装されて表現されてくる。

だから悲観主義の人は、悲観的考え方を延々と言っている。止められない。

「止めろ」と言うのはアルコール依存症の人に「アルコールを飲むのを止めなさい」と言うのと同じである。

悲観主義の他にもう一つ被害者意識がある。

人はナルシシズム的損傷に対する防衛として、被害者の立場をとる。心の傷を回復するために、犠牲者の役割にしがみついている。(註40)

日本人の多くの人は自分の心の中にナルシシズムを残して大人になっている。そのナルシシズムの損傷が日本人の被害者意識であり、悲観主義である。

従って我々は傷ついた時には「これは果たして傷つくような事柄か？」ということを自分に問いかけてみることが必要である。

悲観主義的考え方にならないためには、その自問自答が必要である。

ナルシシズムが傷つくと言うことは、自分で自分の首を絞めているのと同じである。それは心の自傷行為である。

自分の中に解消されていないナルシシズムがあるから、傷ついているのであって、もし心理的に成長してナルシシズムが解消されていれば、相手の言動に傷つかないのだから。

ナルシシストは好意ある注意でも傷つく。ナルシシストでない人なら「ありがとう」という感謝の気持ちになる時でさえ、傷ついて怒りが湧く。

同じ状況で同じ言葉で、他の人が同じように傷ついているわけではない。

●些細な冷遇も復讐に値する

ナルシシズムが傷つくことで、強烈な攻撃性が生じる。
傷ついたナルシシズムは「冷酷で考えられないくらい残酷である」(註41)
攻撃性とナルシシズムの関係は第一義的な重要性を持っている。(註42)
とにかくナルシシズムの損傷は特別な性質を持っている。とにかくその傷を和らげなければならない。
ナルシシストにとって些細な冷遇でも、ものすごいことである。それは喉に刺さった魚の骨である。とにかくその骨を抜かなければならない。
傷ついたものはしつこく復讐しようとする。(註43)
傷ついたナルシシズムの攻撃性のすさまじさを理解しなければ、最近の日本の青少年の残虐な犯罪は説明できない。
ちょっと悪口を言われたということで、驚くほどの冷酷な犯行をする。
「ナルシシストが傷ついた時には、特別な性質を持っている。その傷を回復しようと

するあからさまな行動が必要である。」[註43]

もちろん、日本の青少年の残虐な犯罪ばかりではない。どこの国でも、暴力と関係したいろいろな現象がナルシシズムが傷ついたことによる。[註44]

日常の生活においても、社会的な事件においてもナルシシズムが傷つくか傷つかないかは人間関係のトラブルの主要な原因になる。

成長の過程でナルシシズムを解消できている人と、色濃く残っている人では、人生が大きく違ってくる。ナルシシズムが色濃く残っている人には、幸せな人生を期待することはできない。

ナルシシズムと攻撃性の論文は英語ではかなりある。[註45]

ナルシシストは傷つきやすい。その結果ナルシシストは「直接的か間接的か」は別として攻撃的になる。

●ナルシシズムが傷つけられると暴力的になる

ナルシシストの自我価値が脅かされた時、つまりナルシシズムが傷ついた時に暴力

的になるということはいろいろな論文が調査を発表している。（註46）

ナルシシズムが傷ついた時にドメスティック・バイオレンスのような表われ方をすることもある。

夫や妻がナルシシストで、ナルシシズムが傷つけば、ドメスティック・バイオレンスになることもある。

配偶者に直接暴力を振るうこともあれば、壁に向かって物を投げるような表われ方をすることもあるだろう。

「ナルシシストの攻撃的反応（註47）」についてはおそらく間違いのないことである。

ナルシシズムから非行少年の暴力を理解することは極めて重要なことである。

非行少年の信じられないような残虐な行為が話題になる時に、なぜか日本では「ナルシシストの攻撃的反応」として理解されていない。

しかし、残虐な行為はこれらのナルシシストの若者の典型的な行為である。（註47）

非行少年の暴力を理解するためには、非行少年のナルシシズムを理解することは欠かせない。

傷ついたプライドの報復として、ナルシシズムは増大する攻撃性となる。(註48)

●壮大な露出症的自己顕示と傷つきやすい繊細さ

ナルシシズムの研究において、ナルシシズムには二つのタイプがあるといわれている。

今、述べているのは、非抑制型のナルシシズムである。Grandiosity-Exhibitionism（壮大な露出症的自己顕示）といわれているほうである。

それに対して、Vulnerability-Sensitivity（傷つきやすい繊細さ）といわれているナルシシズムがある。抑制型のナルシシズムである。(註49)

この二つは関係ないようであるが、ナルシシズムの核になる特徴である。

露出症的で壮大な自我像を持ったナルシシストと、過敏に反応し、傷つきやすいナルシシストといる。

日本人はどちらかというと後者のタイプが多い。

そしてこの過敏で傷つきやすいナルシシストはもちろん内向的で防衛的である。

二つは現象としては反対のようであるが、自惚れと他者への無関心は共通している。

Pessimismと関係があるのは、Vulnerability-Sensitivityのほうである（註50）。

隠されたナルシシズムとあからさまなナルシシズム。この二つは違うが、ともに心理的問題を抱えていることと、そのことからさまざまな障害を持ってしまうことは同じである（註50）。

Grandiosity-Exhibitionism のほうはいかにも勇壮のように外からは見えるが、実は無意識では恐怖感を持っている。Grandiosity-Exhibitionismでないと現実に立ち向かえない。

高校生で「俺は世界を征服する」と言っていることがある。大志を抱いているようであるが、気が小さくて「俺は世界を征服する」と言わないと現実に立ち向かえない。

普通の人は、そんなすごいことを言わないでも、みんなと付き合っていられる。そこまで称賛を必要としていない。

「俺は世界を征服する」とまで大言壮語しないが、いつも大きなことを言っている人がいる。そして現実にはそれにふさわしい努力をしていない。怠け者である。

そして真面目で日々の生活の努力をきちんとしている人を馬鹿にする。

そういう人も無意識の恐怖感や劣等感から、そういう評価の高い人に接すると不安で、馬鹿にしないでは自分の気持ちが持たないのである。

「どら息子」という言葉がある。怠け者で、大言壮語して、人を批判ばかりしている。こういう人が、露出症的なナルシシストである。

とにかくナルシシズムには二つの面がある。
1. Vulnerability-Sensitivity　内向性、防衛的、不安。
2. Grandiosity-Exhibitionism　外向的、確信、露出症、攻撃性。
self-indulgenceと他人無視。二つは違うようだけれども相関している。

「メンヘラの精神構造」の本質は、Vulnerability-Sensitivityである。（註49）

どちらのタイプであるにせよ、ナルシシストはとにかく他人からの称賛を必要とする（need admiration from others）。

隠されたナルシシズムと、あからさまなナルシシズム。二つは違うが、ともに心理的問題を抱えていることと、そのことからさまざまな障害を持ってしまう。（註50）

ナルシシズムと健康な高い自己評価とは違う。このことを認識することは大切なことである。（註51）健全な高い自己評価は、自分の力と性質を認識しているし、自分を好きである。（註52）

だから大言壮語をしなくても気持ちが安定している。社会的に評価されている人を小馬鹿にしなくても、普通に生きていられる。

露出症的なナルシシストは、社会的に評価の高い人が脅威である。テレビを見ていても、そういう人が出てくると、とにかく侮辱する。偉い人をとにかく小馬鹿にする。

人を批判することでしか気持ちが維持できない。それが露出症的なナルシシストである。

露出症的なナルシシストの核心的な特徴は、無意識における劣等感と、意識的な領域における優越感である。(註53)

分かりやすくいえば、露出症的なナルシシストは無意識では「私はまったく自信がない、どうしていいか分からない」「俺は自信がないんだ！」という叫びである。

そして意識では「私は絶対の自信がある俺は絶対の自信だからね」という不動の心の誇示である。

●褒められていないと不機嫌

とにかく露出症的なナルシシストは、気持ちが不安定である。褒められると途端に気持ちがよくなり、褒められないでいるとおもしろくない。

自分が話題の中心になっている時には上機嫌である。しかし、自分が注目の的でない時には不機嫌である。

露出症的なナルシシストはすべての言動において不自然である。不自然な明るさを示したかと思うと、ものすごい顔になって怒りをあらわにする。

それに対して隠されたナルシシズム（covert narcissism）は、批判に対しては敏感であるが、あらわな反応をしない。まさに「隠された」ナルシシストである。[註54]「隠された」ナルシシスト、内向性、防衛的なナルシシストは直接に怒りを表現しないで、悲観主義や被害者意識に変装して怒りを表現する。

メンヘラといわれる人は「隠された」ナルシシストである。

フロイドはナルシシズムを世界と自分を関係づける一次的なものと考えた。アドラーはフロイドと違って次のように考えた。人間は社会的な動物であり、ナルシシスティック・パーソナリティーは一次的なものではない。それは他人を排斥する試みである。ナルシシズムは正常なものではないと考えた。[註55]

フロイドが正しいか、アドラーが正しいかと議論するよりも、むしろナルシシズムは幼少期には正常なものであると考えられる。人はナルシシズムを持って生まれる。それが愛されて成長する過程で、消化されるものであると私は考えている。

露出症的で壮大な自我像を持ったナルシシストのほうではない。

●要はアルコール依存症と同じ

本来、相手の言動で自我価値の剥奪を感じること自体がおかしいのである。

相手は強迫的名声追求者である。心理的にはアルコール依存症の人と同じである。アルコールが名声に変わっただけである。

相手を見る人であれば、その人が冷たい利己主義者であることが分かる。心の葛藤に苦しんで、人への配慮などゼロで、ただひたすら自分の利益を追求しているだけの自己中心的な人であることが見える。

たとえその人から不当な扱いを受けたとしても、こちらの白我価値とは関係ない。

その人がこちらの言うことを無視したとしても、別に問題にすることではない。元々その人には相手の話に耳を傾ける能力はない。自分の立場を無視されたとしても、こちらが自我価値の剥奪を感じることはない。

しかし自分の立場を無視されたナルシシストはここで怒り心頭に発する。ストレスで体調を崩す。

冷たい利己主義者、強迫的名声追求者が、こちらの立場を無視するというような失礼なことをしたということ自体に気がついていない。

自分にしか関心のないナルシシストはそんな人にさえ完全に心をかき乱されてしまう。そしてその人のことが頭から離れない。

寝ても覚めてもその人のことを考えている。その冷たい利己主義者に心を囚われてしまう。

誠実な人との心の触れ合いがなく、そういう人との信頼関係もないので、その冷たい利己主義者に心を占拠されてしまう。

誠実な人との心の触れ合いがあれば、不誠実な人に心を占拠されることはないのであるが、自分にしか関心のないナルシシストは心が空白である。

心が空白だから、自分に対して侮辱的な言動をする人に心を占拠されてしまう。

誠実な人と心の触れ合いのある人なら、「あんな人、どうだってよい」と思える。

誠実な人と信頼関係を作れていれば、「あの人」はどうでもいいが、「この人」は大切だという人間関係の距離感がでる。

ナルシシストにはこの人間関係の距離感がない。

フロム＝ライヒマンのいう対象無差別に愛を求める人というのは、ナルシシストのことであろう。つまり愛されないで成長した人はナルシシストである。

ナルシシストは、相手に関心を持って相手を気遣うことがない。

社会の人に対しても同じである。交番のお巡りさんに、商店街のおじさんに、街の年寄り等に挨拶し、社会に眼を向けることがない。

●ナルシシストは、詐欺師に騙されやすい

ナルシシストは、自分がよく思ってもらうための挨拶はするが、コミュニケーションとしての挨拶はしない。

相手を気づかう場合でも相手に関心がある訳ではなく、相手から自分がよく思ってもらうための気遣いなのである。それは自己執着的対人配慮である。

だから時に親切が行き過ぎる。詐欺師はそこに目を付けて騙（だま）す。

ナルシシストは自分の心が空洞であることに気がついていない。寂しいということ

に気がついていない。

さらにナルシシストであれば、心の底には怖れがある。

現実に関心がないから現実を見ていない。そして、心の底の恐怖感で周りの世界を感じる。

つまり周囲の世界に恐怖感を持ちながらも、周囲の世界を見ていない。その結果、周囲の世界に対して無防備になる。

その結果、周囲のずるい人にいいように利用され、騙されることも多い。

ナルシシストではなく、安定した雰囲気の中で成長した人は、周囲の世界に怯えていないが、周囲の世界に関心がある。

そして周囲の世界に対して無防備ではない。

●極端なナルシシストの親の存在

「ナルチストは補足的ナルチストを要求する。[註56]」

これをチューリッヒ大学教授のユルク・ヴィリー（1934〜）は男女関係で説明

しているが、もっとも典型的に表われるのは、親子関係であると私は思っている。

親がナルシシストの場合には、優しい心の子は補足的ナルシシストの役割を果たすことを親から強制される。

子どもの研究家として名高い、ジョン・ボウルビー（１９０７〜90）のいう「親子の役割逆転」でもある。本来、親が子どもの甘えを満たさなければならないが、その親子の役割が逆転する。つまり子どもが親の甘えを満たさなければならない。

もともと配偶者の一方がナルシシストの場合、夫婦関係はうまくいっていない。相手に不満である。

その欲求不満なナルシシストの親が「子どもになにを求めるか」である。子どもに補足的ナルシシストであることを求める。

補足的ナルシシストの役割を背負わされた子どもの悲劇は深刻である。

ナルシシストの親はその優しい子が、自分を全知全能の神であると信じるように操作する。全知全能の神であると信じることを子どもに強要する。

その心の優しい子が、親を全知全能の神であると思うことで、親は心理的に安定する。

被害者意識の立場で、不幸を強調して同情や注目を集める生き方から人と協力する生き方へ、利己的な生き方から愛他的な生き方へ、それは大変な変化である。

そう簡単にできることではない。

つまり、そう簡単に日本からメンヘラといわれる人がいなくなることはない。

●親がナルシシストだと家族は悲劇

子どもは心理的に成長するためには積極的関心を必要とする。

しかしナルシシストには他者に対する積極的関心はない。ナルシシストの親を持った子どもは心理的に成長できない。

とにかくナルシシストは自分に囚われている。自分の心の苦しみに囚われている。

ナルシシストの親は子どもに対する関心はない。そうしたナルシシストのいる親の家族生活が楽しいわけがない。

子どもの側が、こうした家族といる時に生きがいを感じられないということは、当たり前の話である。

ナルシシストの親は、自分の心の葛藤で精一杯であるから、子どもの喜びや悩みには関心がいかない。

そもそもナルシシストの親は子どもの喜びや悩みに共感する能力そのものがない。とにかく自分が今生きていることが精一杯であるから、子どもにとって現在の親子関係が悲劇的であることを理解できない。

親としての責任感など想像もできない。親という立場は重荷であり苦役であり、不公平なものとしか感じない。

ナルシシストの父親には「なんで俺だけが働かなければならないのだ」という怒りがある。被害者意識である。そこでよく、家族の者に「出ていけ」と言う。

家事をしている母親も同じである。「なんで私がこんなことをしなければならないのだ」と怒る。これも被害者意識である。

親がナルシシストなら、家族は形式的には家族だけれども、お互いの心の中はバラバラである。なにを体験してもお互いに共感がない。心の触れ合いはない。

こんな家族で、子どもが家族といる時に生きがいを感じるということはない。

世界の中で家族といる時に、もっとも生きがいを感じないのは日本の若者である。
つまり、日本はナルシシストの国なのである。

自分の心の葛藤で精一杯で、その心の葛藤に気持ちを奪われている以上、親は子育てが楽しいということはあり得ない。

自分が生きることに精一杯で、他にゆとりがない時に、子育てが楽しいわけがない。

子育てが楽しいという人がたくさんいれば、人々は子どもが欲しいと思うだろう。
しかし子育ての負担だけが語られる世の中では、若い人たちは「どうしても子どもが欲しい」とは思わないだろう。

ナルシシストほど親に適していない性格はない。子どもはあやされながら成長する必要がある。

ところがナルシシストは、親である自分がチヤホヤされたい。自分がまだあやされたい。

自分がまだあやされたいのにあやされないから被害者意識を持つ。

●父親への激しい敵意

ある28歳の若者が、何回職場を変えても上司と上手くいかないと悩んでいる。

彼は、「自分は、今の上司と上手くいかない」と思っている。しかしそうではない。

過去の父親との関係が解決していない。彼には反抗期がなかった。父親に対する服従で、反抗期を避けて生き延びた。しかし無意識では父親には激しい敵意がある。

その父親への隠された敵意が、今の上司にトランスフォームしているのである。彼は何度職場を変えても上司とは上手くいかないだろう。それは今の上司との関係が本質的な問題ではないからである。

過去の未解決な問題が、今の問題にトランスフォームしてしまう。

全米を講演やセミナーで駆け巡る、カータースコットという会社コンサルタントがいる。その人が『コーポレイト・ネガホリック』という著書を書いている。(註57)

「コーポレイト・ネガホリズム」とは、社員が無意識のうちに自分の力をみくびり、望みはかなわないものと、ついには自分の願いばかりでなく所属する組織の夢や願望をも打ち砕く、一連の症候群を指す。

その本の第1章のはじめのほうで、会社の人間関係の立て直しについて触れている。

「コーポレイト・ネガホリズムは、社員が子ども時代に身につけた消極性や問題行動を職場にもち込むことによって起きる。これに気づかず放置しておくと、組織はそうした問題行動に乗っ取られ、支配されるようになる。[註58]」

つまり、会社の人間関係でも、基本はそれぞれの社員が過去の心理的未解決の問題を、今の社員同士の人間関係にトランスフォームしているということである。

その本の中でのある例である。

マーケティング部の部長のトビーと、その女性部下とは上手くいっていない。部下は、部長からほとんど助力が得られないことに不満がある。

それに対して部長のほうは「自分は大人と働きたいと思っている、つまらない諍（いさか）いにいちいちクチバシを突っ込むのは御免だ、部下のグチや泣き言にいちいち付き合ってはいられない」と言う。

●うまくいかない本当の原因を知った社員

その部長と女子社員とが上手くいかない原因を、カータースコットはみんなと面接しながら探り出す。すると女子社員と上手くいかない部長の原因が分かり出す。

「私は6人きょうだいの中で育ちましたが、男の子は私だけでした。母と私は心の通い合った親子でした。ところがなぜか、ある日突然母がいなくなったのです。それから何週間かたって、母はノイローゼにかかっているのだと知らされました。母がいなくなった時、私は母の代わりに妹たちの面倒を見なければと思いました。やがて母は帰ってきましたが、すっかり別人のようになっていて、前のような親密な間柄にはもう戻れませんでした。失われた時を埋めることはできなかったのです」

彼は目を潤ませていた。

「その時のことを思い出すとどんな気持ちになりますか」

「心が乱れ、気持ちが高ぶります」

「その時のことで、他になにか話しておきたいことがありますか」

「あの頃のことはすっかり過去のものになっていると思っていましたが、私がキャロルに感じる気持ちは、昔、妹たちからなにか要求された時に感じた気持ちとまったく同じものです。母がいなくなった後、責任の重さにどれほどプレッシャーを感じたか今でもよく覚えています。考えてみれば、私はわずか11、12歳で妹たちの父親になったわけです」

彼は「思いがけない発見をした」といった面持ちで言った。

「今のお話は、あなたの現在の職場における状況を考える上で参考になります。子どもの頃の、5人の妹さんとの関係が、女性一般との関係に尾を引いているようですね。あなたは人格形成期に、女はいつも自分が与えられる以上のものを要求すると思うようになったわけです。もしそうだとすれば、あなたは今、キャロルやテリーや部下を相手に、5人の妹さんたちとの関係を再演していることになります。部下が全員女性というのも因縁めいた話ですね」

トビーは傍目にもそれと見てとれるほど気持ちを高ぶらせていた。それまで心の片隅に埋もれていた記憶が今、鮮やかに蘇ったのだ。

最近のある感情を出発点とし、時間を遡り子どもの頃の経験にそうした感情の源を見出したのである。

その原体験が今もなお彼の心に焼きついていて、関わりを持つ女性すべてをそうしたフィルターを通して眺めていたのだ。

この発見によって、彼をとりまく現在の状況に新しい光が投げかけられた。気持ちの高ぶりがおさまると、私は彼にそうした過去や当面の問題をどう処理したいと思うか尋ねた。彼は、まず妹たち一人一人に会って、昔の関係を癒すところからはじめたいと言った。

彼はかつて、自分には５人の妹の親代わりを務める責任があると思い、それを重荷に感じ、無力さを感じていたが、今そうしたものから解放されたいと思っていた。（註59）

第4章
傷つきやすい私を大事にしてほしい

●日本特有「メンヘラ」が出現した理由

ナルシシストの攻撃性は弱さに変装する場合がある。その強烈な攻撃性が、悲観主義に変装して表われる。

これが、日本が世界一悲観主義の国である理由である。

World Opinion Updateが次のような質問をする。

２００4年、これからの12カ月でのあなたの人生は一般的にどうなると期待するか？（註60）

Betterと答えた人の割合は、アメリカ38％、ドイツ11％、スペイン28％、フランス27％、イタリア20％、イギリス32％である。

そこには6カ国しか出ていないが、アメリカ人がもっとも楽観主義者である。

国の経済的なことでも、国の雇用状況でもみんなアメリカが一番楽観主義である。

これから5年間の間にあなたの個人的な状況は改善すると思うか？　についても同じである。

「改善すると思う」が先の国順にいうと、アメリカ55％、ドイツ18％、スペイン50％、フランス44％、イタリア44％、イギリス50％である。アメリカ人が一番「自分の生活は改善される」と思っている。

現実に「5年前に比べて自分の生活は改善されたか？」ということになると、決してアメリカ人が一番改善されている訳ではない。

わずかではあるが、イギリスが一番改善されたといっている人が多い。三番がなんとアメリカである。

過去を考えると、決してアメリカが一番改善されているわけではないが、未来を考えると一番「改善される」と思っている。(註60)

本当にアメリカ人は、我々から見ると底抜けな楽観主義者なのである。ギャラップ世論調査の言葉を使えば、スーパー楽観主義者である。

2004年の前の年の2003年については、個人的期待として2003年はよりよくなるか、同じか、悪くなるかという質問に63カ国の名前が出ている国際比較がある。(註61)

63カ国中、最低が日本である。しかもダントツに低い。

日本以外は、どの国もBetterと応えた人は二桁。日本だけが一桁の9%である。ダントツに低いというよりも、日本は例外と考えたほうが良いかもしれない。

南アフリカ29%、ウガンダ42%、カメルーン43%、ナイジェリア68%、香港32%、インド37%、ニュージーランド63%、マレイシア44%、アメリカ64%、パナマ53%、コロンビア52%、カナダ59%、エジプト54%、トルコ67%、イスラエル29%、エストニア44%、ジョージア46%、コソボ74%、デンマーク54%、イギリス41%、ドイツ22%、フランス37%。

とにかく、世界中どこもここもそれなりの%である。

日本だけが、世界のあらゆる地域の中でダントツに低い。例外的に将来に対して悲観的である。

世界一悲観的な日本と、世界一楽観的なアメリカで同じ経済原則を機能させようとすることにそもそも無理がある。つまり、グローバリズムが良い効果を表すためには「心」を考慮に入れる必要がある。

先の比較でアルバニア人とセルビア人の対立から戦争状態のコソボがアメリカよりも高いが、それは紛争の最中で特殊な状態にある。

平常な状態で考えればやはりアメリカが世界一楽観主義であると考えて良いだろう。

世界一楽観主義であるアメリカを世界一悲観的な日本人が解釈するのだから、アメリカの解釈を間違わないほうが不思議なのかもしれない。

悲観主義の調査と違って、被害者意識について世界的な調査を知らないが、おそらく被害者意識についても日本は世界でもっとも高い国ではないだろうか。その原因はもちろんナルシシズムである。

日本を解くキーワード、それはナルシシズム。メンヘラという奇妙な言葉が使われ出したのは、その本質が今の日本人に適合しているからだろう。

●被害者じゃないのに被害者意識でいるからおかしい

子どもが怪我をした時には、母親は子どものことで頭がいっぱいで、他のことに気がまわらない。あるいは、子どもが受験の時には「お受験ママ」は子どもの受験のことで頭がいっぱいで他のことに気が回らない。

自己執着の強い人は、自分のことで頭がいっぱいで、他の人のことにまで気が回らない。他人に迷惑をかけても、迷惑をかけているということに気がついていない。だから、自己執着の強い人は、いよいよ孤立してしまう。

あるいは、被害者意識からしか物事を見られない人もいる。一面的な視点の人である。

逆に過度の加害者意識を持つ人もいる。その中には被害者意識の反動形成の人もいるに違いない。実際は、被害者ではないのに被害者意識で行動をするから、どうしても人間関係でトラブルを起こす。

いつも人間関係でトラブルを起こす人は一度自分の視点を反省することである。

被害者意識はナルシシストの意識である。ナルシシズムが傷つけられた時に、強烈な怒りが生じる。被害者意識はナルシシズムの歪んだ表現である。(註62)

被害者という犠牲者の役割は、相手から同情を求めることで、周囲の人と幼児的関係を維持するためである。

「私は被害者」というのは自分の敵意を否定しながら、怒りを表現する方法である。

さらに被害者意識は同情を求めている。「世話をしてくれ」という要求でもある。何度も言うようにナルシシズム的損傷に対する防衛として、被害者の立場をとる。ナルシシストは心の傷を回復するために、犠牲者の役割にしがみついている。

「私ばかりつらい目に遭う」というのは被害者意識である。これは自分の敵意を否定しながら、怒りを表現する方法である。

先の論文のナルシシズムの解釈を応用すれば、こういう人たちはナルシシズム的損傷に対する防衛として、被害者の立場をとっている。

心の傷を回復するために、犠牲者の役割にしがみついている。

●「私ばかりつらい目に遭う」と思い込んでいる人

「私ばかりつらい目に遭う」と言っている人は、自己犠牲は最終的に人間関係に望ましくないということに気がついていない。

彼らは犠牲を払いながら、相手を憎む。

アメリカの偉大な精神科医デヴィッド・シーベリー（1885〜1960）に言わせれば、それは他人を食い物にするものである。

「いつの日か我々は、よくあるあの自己犠牲とは、他人を食い物にする生き方の第一歩であると気づくでしょう。(註63)」

シーベリーの本にバッシー夫人という人が出てくる。子どもの自立を受け入れられなくて子離れできない母親である。

「バッシー夫人は、くどいほど自己犠牲という言葉を口にしたけれど、骨の髄まで利己主義者だったんです。(註64)」

フリーダ・フロム＝ライヒマンも「我々は精神分析学から、憎悪のともなわない犠牲はほとんどないことを学んでいる。(註65)」と言うように、自己犠牲的献身は、強度の依存心の表われである。

「私ばかりつらい目に遭う」と、嘆いている被害者意識の強い人の隠された敵意は、依存的敵意である。依存心がなくなれば、今のつらい状況は雲散霧消する。

「私は悪くない」とか「私ばかりつらい目に遭う」という人は頑張ったが、努力する場所、努力の仕方が間違っていたということである。

きつい言い方になるが、ものを考える時の視点が少なくて、愚かだったということである。それが燃え尽き症候群の人である。心理的に病んだ集団の中で頑張った。

自己消滅型の人は同時に人を怖れているし、かつ虐待されることを怖れている。(註66)この怖れを動機とした努力は、自分を守る動機であるから、報われない。

下記はカレン・ホルナイの自己消滅型の人の説明である。彼らの虐待的反応の三つの主な源はなにか。

1. 本当に望まれていない注目やサービスを押しつけることで、虐待されることに身をさらす。

2. 密かに期待した報酬がないと、つまりリターンがないと、虐待されたと感じる。「こんなことまでしてくれたの、ありがとう」と言ってくれることを、期待していた。その感謝が無かったので虐待されたと感じてしまう。

それほどまでに、自分のしたことのリターンを求めていたということである。

3. 理想の自我像が傷つくと、虐待されたと感じる。(註67)

問題は客観的に事実として虐待されているのではなく、自己消滅型の人が虐待されていると感じているということである。先にも書いた「心の自傷行為」のようなものである。

それだけ愛情欲求が激しいということである。

要するに、三つとも自己消滅型の人がどれほど激しく愛情を求めているのか、ということの証拠である。そして、それゆえに被害者意識に悩まされる。

「俺のことを大切にしてくれない」「私のことを分かってくれない」「みんなで私をいじめる」「僕だけが損をする」等々。自立へ向かって励まされ、愛されながら成長した人には想像のできない被害者意識である。

愛されて成長した人は、自己消滅型の人の「理想の自我像」など持っていない。

愛されて成長した人は、「密かに期待した報酬」を求めてなにかをしない。

愛されて成長した人は、本当に望まれていない注目やサービスを押しつけることなどしない。

愛されて成長した人と、愛されないで成長した人とは、心を見れば同じ人間ではない。

「私のことを分かってくれない」「みんなで私をいじめる」「私は悪くない」と被害者

意識に訴えるメンヘラといわれる人の心の叫びは、愛されて成長した人にはなかなか理解できない。

●愛情欲求の裏に隠されている敵意

彼らは大人になっても、親の役割を果たしてくれる人を心の底では求めている。つまり無意識では常に母親の愛を求めている。大人になっても幼児的パターンの人間関係を抜け出せていない。

ところが、大人になれば日常生活では誰もこの親の役割を担ってくれない。そこで被害者意識になる。

カレン・ホルナイの著作等で出てくる「虐待されている」という彼らの感覚は、心理的健康な人にはなかなか理解できないが、こうして生じてくる。

大人になってからの日常生活の中での愛情欲求においても幼児期の母親を求める。

幼児と違って始末が悪いのは、その愛情欲求の裏に敵意が隠されていることである。そこが肉体的な幼児と違うところである。

心理的健康な周囲の人から見れば、その人がなんで被害者意識を持つのか理解できない。その人がなんで「虐待されている」と感じるのか理解できない。

うつ病になるような人や、神経症的傾向の強い人などの神経症的愛情欲求とは、まさにこの「あなたが私の親の役割を担ってくれ」という愛情欲求である。

「虐待されている」は愛情飢餓感であり、その言葉の意味は「愛してくれ」であり、「助けてくれ」である。そういう人たちは「幸せとは自分の心の中で自分が広げていくもの」とは思っていない。

幸せは「もらうもの」と思っている。だからいくらもらってもだめ。相手のことを考えているのが幸せなのである。それを、お菓子を食べることが幸せと思っている。

利他主義、愛他主義が幸せにつながるのに、利己主義に徹してしまう。

小さい頃に揺りかごを揺すってもらった体験がないから、いつまでも、大人になっても「揺りかごを揺すってくれ」と言っている。

それがうつ病になるような人と心理的健康な人との心理的ギャップである。

揺りかごを揺すってもらうことを「断念」する、それが被害者意識を乗り越える唯一の方法である。

被害者意識を持っている人は、本当は自己蔑視しているから、本人は自己栄光化が必要である。

本人は自己蔑視に直面したくない。称賛を必要としている。母親固着の病理の第一段階である。

こうありたい自分と「実際の自分」とが乖離（かいり）している。

そういう男性は今、接している女性との関係がスムースに行かなくなっただけでも、エーリヒ・フロムのいう「軽い不安感と抑うつ状態」に陥る。心理的に依存しているから、自発的に関係を改善する努力ができない。

「軽い不安感と抑うつ状態」に陥ると、被害者意識を持ち、他罰的になるが、同時にいよいよ自信をなくしていく。

「親子の役割逆転」をしている父親は、子どもが自分を称賛してくれないと「軽い不安感と抑うつ状態に陥る」。

子どもが自分の仕事の苦労を労ってくれないと怒りを感じる。その怒りを直接表現できない場合には不機嫌になる。

不愉快も、不機嫌も依存性抑うつ反応である。相手が自分の望む反応をしてくれない。相手に依存しつつ相手に怒りを感じている。

要するに「自分を慰め、愛し、称賛してくれる女性が必要である、母親のように保護し、養い、世話をしてくれる女性(註68)」がいないと元気が出ないということである。

●思い込みは被害者意識からくる

心理的に成長することに挫折した人は、内心に潜む不安や恐怖が表面に出るのを防ごうとする。最初に悪を決めておき、それによってすべてを割り切ろうとする。自分の不遇を人事の不手際のせいにする。大学でいえば、忙しくて研究ができない、という言い方である。

人間関係の希薄な人は、人とつき合う暇がないという。できるかもしれないし、できないかもしれないことを、だめに決っているという。

「どうせ俺は課長止まりだ」と言う。内心の不安から、はじめから決めてかかる。

こうした反応で、内心の不安や恐怖をカモフラージュして、安心感を得ようとする。

学問の世界でいうと、雑用に使われて研究ができない。会社なら課長が悪いから出世できない。

妻が人付き合いが悪くて、子どもがいるから忙しくて出世できない。家庭を大切にしているから。思い込みの裏にはしばしば被害者意識が働いている。常に自分だけが損をしていると思う。根拠のない不公平感が強い。

あるいはまだ甘えの欲求が強くて、人から世話してもらいたいのに、つまり30歳の能力がないのに、30歳の責任を背負う。背負えるはずがない。その結果、被害者意識になる。

背負える能力がないのに背負うから、被害を被ったという意識になる。

父親になっても父親の感情になっていない。3歳の感情で、父親になれば、父親の仕事をしたら、被害者意識になるのが当たり前であろう。

心理的に健康な人が30歳なら嬉しいことが、心理的に3歳の人には苦しみになる。母親を独占しようとすれば、母親が他に注意を向けると嫉妬する。甘えるものは邪魔を意識しやすい。そこで被害者意識を持つ。

そして自分の正当性と、相手の責任追求が始まる。

その時相手の立場を強調する。つまり相手は高校の先生だ、先生である以上そのぐらいのことをするのは当然の責任である。

相手は上司である、そのくらいのことができて当り前である。

自分のことを棚に挙げて相手の責任を追求する、これが共通性である。

●傲慢であればあるほど傷つきやすい

これを被害者意識に訴える人の側からいうと、次のようになる。

それがなければ私は生きていけない。人生は耐えがたい。そこで「私は悪くない」と言うしかなくなる。

名声や富や力が得られないのは、私の責任ではない。「あなたが悪い」から、私はこんなに不幸であるとなる。

こうして被害者意識は正当化される。

とにかく今の不幸に私は責任がない。「私は悪くない」のだから、不幸な私を幸せにする責任はあなたにある。

他人は自分をそのように立派な人として取り扱わない。他人は自分を普通の人として取り扱う。

するとひどく侮辱されたように感じる。自分が侮辱されることには敏感だが、自分が他人を侮辱していることには極めて鈍感である。

自分が他人を扱っているように、自分が他人から扱われるとものすごく怒り出す。自分の心の中にある理想的自我像が現実と違えば違うほど、怒ることも多くなるであろう。傲慢であればあるほど傷つきやすいというのはそのことである。

ナルシシストは自分がすごい人だと思っている。

他人はその人をその人が思っているほどすごい人だと思っていない。すると他人はその人をすごい人として扱わない。

普通の人として扱う、すると、ものすごく傷つく。

ナルシシストは傷ついて攻撃的になる。露出症的なナルシシストなら、猛然と怒り出すし、内向的なナルシシストなら傷ついて自分の中に籠るかもしれない。そして恨みに思うであろう。

充足されないナルシシズムは、大人になってもその人の心の中から消えるわけではない。満たされることで消える。無条件の愛への希求も、いつまでもその人の中から消えない。そうなると、その人は意識の上ではナルシシストではないが、無意識ではナルシシストである。

その人は意識の上では立派な社会人であるが、無意識では幼児のように「お母さん」を求めている。ナルシシストのままでは、この世の中では大人になれば生きていけない。自己陶酔で自己中心的であれば、この世の中ではさまざまな人間関係のトラブルを起こす。

トラブルを起こした本人はナルシシストではないと思っている。しかし自己中心的な人であることは、周囲の人にはわかる。周囲の人が思っているその人と、その人自身が思っているその人とではまったく違う。

●自分で自身を恐喝しているのに「私は恐喝された」と騒ぐ

ナルシシストについてフロムは、「いかなる批評に対しても過敏である」と述べた後に、その過敏について「どんな批評の正しさをも否定し、また怒りや抑うつを伴った反応としてあらわれる」(註69)と述べている。

いかなる批判に対しても、それを否定するということはその通りであるが、ここで指摘しなければならないことは次のことである。

否定する根拠を示さない。つまり、露出症的なナルシシストは、なんの根拠がなくても相手を声高(こわだか)に非難できる。自分の主張を一方的に押し通す。

普通の人は、なんらかの根拠がないと相手の言うことを非難できない。普通の人は声高に相手を批判する時にはなんらかの根拠がある。

しかし、強度の露出症的なナルシシストは、いかなる正しい批判に対しても「そんなのでたらめよ」と平気で言える。

「ナルチシズムの程度が強くなればなるほど、正当な批判を受け入れられなくなる。」(註70)

そして根拠を示して批判する人に対して「恐喝された」というようなことを言う。それは、自分がいつも恐喝しているからである。

もちろん、自分が弱者を恐喝しているということは認めない。その意味でナルシシストにはさまざまな抑圧がある。例えば、自分は弱者を恐喝しているということは、心の底のそのまた底では知っている。しかしそれを認めない。

そこで弱者を恐喝することを周囲の人に「投影」して、あの人は人を恐喝すると批判する。そして、相手が強い立場でどうにもできない時には、「私は恐喝された」と被害者意識で騒ぐ。

とにかくナルシシストは事実を認めない。自分に都合の悪いことをいう人を徹底的に非難罵倒する。

●単なる批判を悪意ある攻撃と受け取る

自己蔑視の特徴の一つ、それは傷つきやすいこと。批判に対する情緒的反応。

ナルシシストは自分が批判されると非常に立腹する。自分のナルシシズムのために批判が正しいとは想像できない。悪意ある攻撃であると受け取る。

「ナルチシスティックな人は世界と関係を持たず、その結果ひとりぼっちで、そのために物事に驚きやすいということを念頭にいれると、彼の怒りの激しさがはじめて彼はよく理解できるのである。彼のナルシシスティックな自惚れによって代償されるのは、この孤独感と恐怖である。彼のナルシシズムが傷つくと、自分の全存在が脅迫されているように感じる。[註71]」

立腹しなければ抑うつ状態になる。それから身を守るための二つの方法がある。

一つはよりナルシシズムを増大させる。つぎは現実をある程度自分のナルシシスティックな自己像と一致させるよう変形を企てる。

些細なことをしたのに、すごいことをしたように思う。二者の愚行といわれるものもそうである。二人がお互いに褒め合って気持ち良くなる。「先生の今度の本は素晴らしい」と一方が言う。すると「先生のほうこそ、先の本はクリエイティブで」と言う。

二人が称賛し合うが、第三者は同意していない。しかしとにかく二人は「現実をある程度自分のナルシシスティックな自己像と一致させること」ができる。

とにかく、「より重要な解決法は誰か他人の同意を獲得すること、そしてできれば何百万人の人の同意を得ることにある。喝采、称賛、を得て自己に潜在する精神病を防ごうとする。[註71]」

ナルシシストでなくても自己蔑視している人は傷つきやすい。傷つきやすい人は怒りやすい。「怒っている人は傷ついているのだ」とは名言である。

自分が怒っている時に自分の心の底を見つめてみるとそれが分かる。なぜ自分はこんなに怒っているのか、と考えてみるのである。

すると相手の言葉で自分が傷ついたからだということが分かる。

相手は決してこちらを傷つけようとしていった言葉ではない。それにもかかわらず怒るのはナルシシズムが傷ついたからである。

●自分を特別に扱ってほしいという願望と要求

虚勢を張っている人も傷ついているのである。相手をけなしている人も多くは傷ついている。相手をけなしているのは、その「けなしている人」がたいして問題ではない。けなすことを通して自分の偉大さを証明しようとしているに過ぎない。

そして相手が自分の偉大さを証明しようとしているに過ぎない言葉に今度はこちらが傷ついたりする。

聖書の言葉に「明るい心は薬のようによく効くが、傷ついた魂は骨をひからびさせる」とあるらしいが本当に傷ついた魂は自分も相手も不幸にする。

傷つきやすい人は同時に怒りやすい人でもある。つまり感情が不安定。怒りやすいが、またすぐに憂うつにもなる。

傷つきやすい人は、自分が傷つかないかといつも心配している。「馬鹿にされないぞ」といつも肩肘を張っていなければならない。

いつも傷つかないように用心している。気の休まる時がない。他人は常に自分を傷つける脅威の存在である。

相手が自分を軽く扱ったのではないのに軽く扱われたと傷ついて怒を感じたり、落ち込んだりする。

傷つきやすい人は相手に対する要求が常にある。「自分をこう扱って欲しい」という願望、「自分をこう扱うべき」という要求がある。

自分の威厳を保つことが第一で、相手との心の触れ合いは二の次である。そこで他人と打ち解けない。

親しまれることよりも尊敬されることが大切である。

傷つきやすい人は相手のことを思いやる心理的ゆとりがない。どうしたら自分が傷つかないでいられるかということばかりに気が行ってしまう。

従って傷つきやすい人は誠意がない。誠意を示す心理的ゆとりがないのである。自分が相手からどう扱われるかということばかり気になっていて相手の気持ちのことまで気が回らない。

神経症的自尊心が強くなると他人と同じに扱われると傷ついてしまう。自分は特別であるという神経症的要求を満たさないからである。

普通の人は他人と同じに扱われても傷つかない。心が病めば病むほど人は傷つきやすくなる。傷つきやすい人は、自我価値の崩壊を防衛するために、どうしても被害者意識を持たざるを得ない。

自立していないと傷つきやすい。他人に迎合することで自分を守ろうとしている人は傷つきやすい。権威主義者も同じことで傷つきやすい。

傷つきにくいのは自分を信じている人である。権威によって自分を守ろうとしていたり、他人の好意によって自分を守ろうとしていると、傷つきやすい。それは他人のなに気ない行動や、他人の一言に自分の価値がかかっているからである。

受容の言葉はその人を安心させ、拒絶の態度はその人を傷つける。

自分を信じている人は、他人の拒絶の態度に傷つかない。他人の拒絶の態度によってなにも心理的には変わらないからである。受け入れられたからといって自分の価値が変わらないのと同じである。

他人の好意によって自分を守ろうとしていると、受容の態度で自分の価値は上がるし、なによりも安心する。

自分を信じている人は他人の受容の態度で自分の価値は上がらない。自分を信じて安心しているのだから他人の態度で安心する必要がない。もともと他人の態度とは関係なく自分を信じているのだから、他人の態度とは関係なく安心していられる。

他人の好意によって自分を守ろうとしている人は不安な人なのである。不安から自分を守る方法として他人の好意を求めているのである。他人の好意によって自分を守ろうとしている人は他人の好意を得られないと怒ったり、落ち込んだりする。

期待した好意が得られないとカッとなる。その怒りを相手に向けられない人は抑うつ状態になる。従って他人の好意によって自分を守ろうとしている人は憂うつな顔をしていつもイライラとしている。傷つきやすい人は怒りやすい人でもある。

●DVはテレフォン人生相談の定番テーマの一つ

夫がすぐに怒り、妻に殴る蹴るの暴力を働くという相談は常にテレフォン人生相談などにある。妻の運転の仕方が悪いといって、なじる夫がいる。妻の運転を見て、「おまえは人生を真剣に生きていない」と言って、夫が暴力をふるう。

夫は自分自身に対して不満なのである。相手に不満なのではなく、自分自身に不満なのである。その自分自身に対する不満を相手を通して感じている。何度も言う外化である。外化とは、心の中の願望が、現実となるなど、自分の心の中の体験を、外側の体験とみなすことである。

また、子どもをすぐに怒る母親がいる。自分が子どもに勉強を教えていて、子どもが算数の覚えかたが悪いと言っては子どもを折檻する。腹を立てて子どもを押し入れに入れてしまう、殴る、熱いお湯をかけるなどという親もいる。

このケースなども、母親自身ができの悪い、実際の自分に腹を立てているに過ぎない。その怒りを子どもへと外化させている。子どもの行動は怒りを呼びだすきっかけに過ぎない。

ところが、もう一つ複雑なのが不機嫌という心理である。不機嫌な人はこの攻撃性を直接には表現できない。嫌われるのが怖い、見捨てられるのが怖い、対立するのが嫌だ、あるいは攻撃すべきではないという規範意識がある。

するといつも相手に怒りを感じながらもそれを表現できないでいる。それが重苦しい不機嫌であろう。

自分に満足していれば、人はそんなにいつも怒っていないし、いつも不機嫌な気分でいない。怒りっぽい人は、実際の自分と理想の自分とのギャップに苦しみ、実際の自分に怒っている。

実際の自分と理想の自分との耐えがたいギャップがまずある。その実際の自分に対する怒りを外にぶつけるのである。

これは怒りばかりではない。怒りと不満は似ているが、不満も外化される。自分に対して不満な人間がいる。しかし、自分に対して不満であることを意識できていない。すると一緒にいる人に不満になる。自分に対して不満なのに奥さんに不満を感じる。

自分の内面での葛藤を相手との関係において感じる。

●ナルシシズムの正しい訳は「自己偽愛」

ナルシシズムを自己愛と訳したところに大きな間違いがあった。

あくまでも他者の中にある自己イメージを愛することであり、「現実の自分」を愛することではない。つまり「自己偽愛」と訳すのが正しかった。

有名なギリシャ神話に出てくるナルシスは自分を愛していたのではない。それはナルシスが水に映っている自分をうっとり見つめているということである。そこで自己陶酔と訳したが、「現実の自分」にうっとりとして見とれているというのではない。

これも自己陶酔と訳したのが誤解のもとである。疑似陶酔である。あるいは偽自己陶酔である。

ナルシスの水に当たるのが、私たちの場合には他人である。つまり、自分が他人の心にどのように映っているか、他人にどう思われているか、それにしか関心がない。生産的に自分を愛することではない。

アブラハム・ハロルド・マズロー（１９０８～70）の言葉を使えば、ここで重心が他人に移ってしまう。自分が自分をコントロールしているのではない。そこでストレスに弱い人間にもなる。

もし、現実の自分に関心があれば、今、自分のできることをしようと思う。「現実の自分」の潜在的可能性を活かそうと考える。そう考えて行動する。

「現実の自分」に関心があるからこそ自己実現が可能になる。

ナルシシストには現実の自分の能力を活かすための行動がない。自己実現する心の姿勢がない。その結果、自己陶酔しているようであるが、自分が何者であるかが分からなくなる。こうしてナルシシストはアイデンティティーの確立ができない。

次のような相談を受けたことがある。

相談者である夫は、妻が妻の実家を大切にして、「自分の母親を大切にしない」という不満を持っている。典型的なナルシシストである。

ナルシシストにとっては妻が妻の母親を大切にするということと、夫である自分の母親を大切にすることが矛盾している。それがナルシシストの自己愛である。

自分の両親を愛せない人は、夫の両親も愛せないのだが、このことがどうしても、ナルシシストの夫には受け入れられない。

自分の両親を大切にしない人は、夫の両親も大切にしないと説明するのだが納得しない。自分を大切にしない人は他人も大切にしない。これは心の大原則である。

人は自分を受け入れる程度にしか他人を受け入れられない。

自分も他人も大切にする気持ちがなければ、人生の諸問題は解決できない。

このようなことを説明しているとナルシシストの夫は怒り出す。そして中には怒って電話を切る人がいる。

怒って電話を切る人は、「妻が悪い」という自分の立場に固執する。自分の立場に固執するのは神経症者である。

パラダイム・シフトとかマインドフルネスというのは、今起きている事態を、この夫が妻の立場からも考えてみることである。

ナルシシストにマインドフルネスとかパラダイム・シフトは期待できない。

「誰かを愛するということは、自らの愛する力を実現することであり、集中することである。」(註72)

とフロムは言う。

会社を大切にするのは本来家庭を大切にすることと矛盾しない。会社を大切にすることと親を大切にすることと矛盾してしまうのは、親孝行ではなく実はマザコンであったのだろう。

ナルシシストとは「はかない命なのだなー」と言いながら、酒を飲んでいるような人である。自分に酔っている。手を見て「荒れたなー」と思う。

自分に酔っていては人と親しくなれない。ナルシシストは母親にはなれない。子どもを見ていないのだから。ナルシシストは自分の指の傷の治り具合をジーッといつまでも見ている。

自分の肉体へ異常な関心がある。自分の肉体のある部分を見ても、見ても見飽きない。ナルシシストは病気を怖れて自分の体のことに気を奪われている。自分の健康への執着ということがナルシシズムの情熱ということであろう。

親孝行をはじめ、かくも簡単に日本の伝統文化が崩れたのは、その根底にナルシシズムがあったからであろう。

ナルシシズムが、今の日本の諸悪の根源である。「メンヘラの精神構造」の中心の概念はナルシシズムであるが、同時にそれは「現代日本の諸悪の根源」である。

●自己陶酔が過ぎるあまり、他人への関心がない

ナルシシズムといえば、誰でも自己陶酔であるとして、改めて「定義は？」などと考えない。ナルシシズムにはいろいろな定義があるだろうが、ある定義によると「自我の確立がない、統合性の欠如、共感能力がないこととの関連で発展した症候群の一種である。(註73)」

もっとも重要なのは共感能力がないということであろうが、要するに人が心理的に成長できないということすべてがナルシシズムには含まれている。

ナルシスティックなパーソナリティーについても殆ど同じような内容である。誇大な自我のイメージ、自分はユニークだ、自分は特別だと信じる、人間関係で搾取的、他者への共感の欠如、傲慢な態度等々である。(註74)

そしてそれを他者が認めないと怒りで反応する。

そしてこの共感能力の欠如が、次の世代への有害となって表われてくる。

肉体的虐待が世代から世代に受け継がれてしまうことの要因もナルシスティック・パーソナリティーである。

肉体的虐待は、虐待されて成長した人が、今度は親として子どもを虐待する。「その主要な要因は養育者の共感能力の欠如である。(註75)」

オーストリアの精神科医ハインツ・コフート（1913〜81）によれば、ナルシシストの怒りは、自分が絶対者になることに失敗した結果である。心理的健康な人の怒りは、自我価値の剥奪で怒るものではない。(註74)

心理的健康な人の自己イメージは安定している。

最近の日本のさまざまな社会的暴力事件は、ナルシシズムが傷ついた結果の怒りがもたらしたものであると見て良いものが多い。

ナルシシストは他人からの称賛を求めるが、他人の意見について考慮をしない。[註76]「考慮しない」というよりも関心がない。称賛を求める気持ちが強過ぎて、他人に関心がいかない。

空腹の時に目の前に好物がある。外の景色が綺麗でもそちらに関心がいかない。トイレに行きたくて緊急である。その時に目の前にコーヒーがある。コーヒーに関心がいかない。

とにかくナルシシストは他人そのものに関心がないのだから他人の意見に関心があるわけがない。ナルシシストは他人に関心を持てない。関心を持つ能力がない。ナルシシストは他人に関心を持つどころではない。もっと緊急の問題を抱えている。

●体のちょっとした変調がものすごく気になる

ネガティブ・ナルシシズムというのは肉体的・精神的ヒポコンドリー症に存在する

ナルシシズムであるとフロムは言う。

肉体的なことに気を取られ過ぎて、重病ではないのに重病になっているのではないかと肉体的なことに思い悩むヒポコンドリー症ではなく、「道徳的ヒポコンドリー症」とは、異常に道徳的なことに気を奪われている心理状態。

たとえばフロムが挙げている例では、美しくなりたいためではないが、病気を怖れてたえず自分の体に心を奪われている婦人である。

もちろん男性であっても同じである。病気になったら大変だと異常に健康に気を使う。体のちょっとした変調でも、ものすごく気にする。「病気を怖れて、たえず自分の体に心を奪われている。(註77)」

外的世界に関心を持たないで、「病気を怖れて、たえず自分の体に心を奪われている」のがナルシシストである。外的世界に関心がなくて、自分の体の些細な変化に細心の注意を払う。しかも過剰に払う。

自分が唯一の重要な現実だからである。

ナルシシストは、肉体的なことばかりでなく、どうでも良いような些細なことをいちいち大事にしてしまう。生活全体が大袈裟である。

またフロムはこのような肉体的な「ヒポコンドリー症」に加えて「道徳的ヒポコンドリー症」ということも言っている。

肉体的ヒポコンドリー症はベッドに入ってから「あ〜眠りそうだ、もう少しだ」等と自分の体と気持ちに異常な関心を示す。

不眠症や不能の人なども自分の体の変化に異常な関心を示す。

「道徳的ヒポコンドリー症は、たえず自分が間違って罪を犯していないかと、心をとられている。(註78)」

私が接したある若者である。大学受験の時に隣の席に座った受験生が不合格になった。その原因が自分にあるのではないかと、自分が合格した後の何年も悩んでいる。

試験の当日に隣の人と話をした時に、自分が有名高校であることを言ったので、相手が動揺したのではないかということである。

外部から見ると非常に良心的かつ道徳的で、他人に気を使っているように見えるが、「事実こういう人は自分自身、自分の良心、他人の自分に対する評価などに関心を持っているのである。(註78)」

この種の人はいかにも良心的に見えるが、そうではなく自分が罪を犯すのを怖れているだけである。つまり自分を守る意識が強過ぎて、小心なだけである。

社会が無秩序になったら真っ先に悪いことをするのはこういう「いかにも良心的に見える」人々である。

その若者も、私が講義のために教室に行こうとして研究室を出なければならないのに、頑として立ちはだかって講義に行くことを許さない。

自分の悩みだけが現実で、私と教室にいる学生は「いない」。道徳的ヒポコンドリー症は、外的な世界には関心を示さない。今まで述べてきたこととは少し違うが、感情移入などというのも、ナルシシストに多く見られる。

●自分がどう思われているかに敏感

フロムは「自分が罪を犯すのを怖れているだけである」というが、実は彼らは同時にその罪を犯したいのである。

例えば試験が悪かった。そこで「学校が燃えてしまえばいい」と小学生は思った。でも自分でその罪を犯すのは嫌だ。それは怖れている。しかしそれを願っている。そういう人々である。「燃やしたい」という気持ちに負けて、自分は本当に学校を燃やしてしまうかもしれない。その怖れである。

つまり、外界に対してはなんの興味もなく、現実感があるのは自分の肉体的安全と心理的安全だけである。

「良心」的に見えるが、それは相手に対する思いやりではない。良心ではなく、自己保身だけである。そういう人は「良心」を叫ばなければ、身が持たないのである。

「良心」を叫ばなければ寂しくて仕方ないのである。

「良心」を叫ぶことで、良心的でない人を蔑（さげす）んでいるに過ぎない。

本当は、もっとも良心的ではない行動をしたい人たちなのである。建て前は良心的であるが、本音はもっとも良心的ではない人々である。

比喩的に言えばどうなるか。

本当はそのお菓子を食べたい。しかし「食べてはいけません」と言われた。

よその家に行ったらそのお菓子が出た。本当は食べたい。しかし「食べません」と言って、お菓子を出してくれた人を蔑む態度である。

もうひとつ比喩的な例を挙げれば、健康を連呼している母親の子どもがもっとも健康を害していたりする。

あるいは、「盗まなければいいんでしょう」というような言い方をする人々である。盗んではいけないという道徳は守る。しかしそれは「守れば文句ないでしょう」という反抗的態度で守っているに過ぎない。

他人にもスポーツにも学問にもなにも興味がない。自分の関心は、ただ自分が人にどう思われるかということだけである。

もし緑の美しさに、相手の服装に、クラシック音楽に、外国語学習に、木登りに、コンピューター操作に、走ることに、トランプに、バスケットに、水泳に、旅行になんでもいいから関心があったら、これほど彼らは悩まないだろう。

音楽にも風景にもなんにも興味がなく、ただ自分が他人から「良心的な人と思われるかどうか」ということにしか関心がない。

どのように他人が自分を見ているかということにしか関心がない。ナルシシストにとって、それが唯一の現実である。

こういう場合には、ナルシシストを外部の人は見分けにくいとフロムはいう。その通りである。

第5章
メンヘラの精神構造を分析

●ネガティブ・ナルシシズムという心理

メンヘラの精神構造について、もう少しナルシシズムを考えてみたい。ナルシシズムには二つのタイプがある。もちろん二つには「孤独と恐怖」など共通したものがある。

フロムはナルシシズムという言葉の他に、ネガティブ・ナルシシズムという心理を説明している。

フロムはこの種のナルシシズムは、「特にうつ状態であらわれ、物足りなさ、非現実的及び自虐的な感情を特徴とする」(註78)と述べている。

確かに人は、うつ状態の時には妙に自己卑下する態度をとる。そういう人はもともと自分がない人たちなのである。なによりも生きる楽しみがない。

自分のことを「私は卑怯で、利己的で、イヤな奴です」と極端に自己卑下する人がいる。

周囲から見ると単に気が弱いというだけで、それほどひどくはないが、自分が自分をこき下ろす。

それは一つには自分の道徳的基準の高さを誇示するためでもある。自己卑下する裏で自分の価値を回復しようとしている。

つまり自己卑下の隠されたメッセージは「私はこんなに立派です、こんなに高い規範意識を持っています」というナルシシスティックなものである。

うつ病者の「私が悪い」と言う感情は、ナルシシズムの裏返しとしてのネガティブ・ナルシシズムであろう。

悪いことの原因をすべて自分のせいにする傾向もネガティブ・ナルシシズムである。

つまりナルシシズムというのは自己陶酔ではあるが、自信の裏付けがない。

だから抑うつの傾向などが出るといっぺんに自己陶酔の反対の自己蔑視になる。

私たちは良く「粗食を差し上げる」と言う。それは相手から見て「粗末な食事ではないか」ということである。

自分に価値を見い出せない時にはこのような表現になるに違いない。

愚妻も、愚息も、粗食もその点では同じである。相手の奥さんとの比較、相手の息子との比較である。

●「いい人」ではなく、厄介なナルシシスト

しかし、もうひとつ大切な注意事項は、この種の人が自分自身を「良心的な人」と思っていることである。

彼らは良心的な人ではなく、単なるナルシシストなのである。

「外部から見ると、非常に気を使っているように見えるが、事実こういう人は自分自身、自分の良心、他人の自分に関する批評などに関心をもっているのである」(註78)

フロムはこの二つのナルシシズムに共通するのは外的世界に対する関心の欠如であるという。

彼らは他人そのものには関心がないから、人に自分を認めさせる方法も分からな

い。

そこで「良心、良心」と叫びながらうずくまって泣いているようなものである。泣いているのだから外界に関心がいくわけがない。

私はこれらの人々は「良心主義者」であると思っている。「良心主義者」とは「国家主義者」から考えた言葉である。

ナチスのような国家主義者は「国家、国家」「ゲルマン民族、ゲルマン民族」と叫びながら、実は国家のことなどなにも考えていないし、大切にもしていない。

これらの人は国家を叫びながら心の中でボロボロと泣いている。良心や、正義や、国家を叫ばなければ寂しさが消えないのである。叫ばなければ虚無感が消えない。

人が外の世界に目を向けられるのは心が満足している時である。心理的に成長した時である。自分が満足していれば自然と関心が外に行く。

「良心主義者」も「国家主義者」も孤独で欲求不満なのである。

もちろんナルシシストには、これ以外にもたくさんの「主義者」がいる。例えば「教養主義者」である。

ネガティブ・ナルシシズムといわれる心理はすでに説明した。ナルシシズムと正反対で、自分のものをすべて過小評価しがちな傾向である。

例えば「私の作った料理だから美味しくない」というのがネガティブ・ナルシシズムである。

まさに合理的な判断を歪めることは、ポジティブなナルシシズムと同じである。

それは私のものであるということゆえに優れているというナルシシズムと同じコインの表と裏との関係である。

私の作った食事であるがゆえに素晴しいというナルシシズムの裏側として、私の作った料理であるがゆえにダメであるというネガティブ・ナルシシズムがある。

ナルシシストは過大評価と過小評価の矛盾を抱えたパーソナリティーである。

私はこのネガティブ・ナルシシズムは自分を頼りなく感じる不安から生じるものだと思っている。自分を頼りなく感じる不安なナルシシストが陥る傾向の一つがネガティブ・ナルシシズムであろう。

もちろん自分のものに執着しているというナルシシズムは同じである。ネガティブ・ナルシシズムは相手に対する迎合である。

●「密かに」称賛され続けることを望む

ナルシシズムには二種類のナルシシズムがある。これは今まで説明してきた人たちばかりではなく、他の学者の主張にもある。(註79)

ナルシシストは称賛を求める、褒められることを求める。しかもその特徴は「受け身的に」求めることである。(註76)

これはフロムがいう謙遜の裏に傲慢があるということに通じる。あからさまに優越や才能を誇示しないが、気づかれないように密かに称賛を求めている。

この種のナルシシストはもっとも質が悪い。あからさまのナルシシストのほうがまだ気分が良い。

これを「隠されたナルシシズム」という。

「私なんか、私のような者が」と言いながらも、称賛を求めている。

「私のような者が」と言いながら、しっかりと高い立場を要求する。

男性に対して「私のような者が」と言いながらも、隠れたるメッセージとして結婚を要求し、しっかりと結婚するような女性である。
肉体的精神的ヒポコンドリー症に存在するナルシシズムは、見分けにくいが、虚栄心の強い人のナルシシズムも同じである。

自分に対する称賛を求めるけれど、他者の意見に注意を払わない。そして軽蔑的な無関心を示す。（註81）

無関心で「相手にしていない」と言うよりも、「私は、あなたのような人を相手にしないわ」という侮蔑的な態度の無関心である。

ナルシシストは、批判に敏感ということはすでに何度も指摘している。そして隠されたナルシシズムは特に批判に敏感なのである。（註81）

それよりもナルシシストの問題は、批判でないことさえも批判と受け取ってしまうことである。

おそらくナルシシストは心の居場所がないのであろう。どこにいても自分の居場所がない。心がほっとする場所がない。ありのままの自分でいられる場所がない。

ナルシシストは自己陶酔しながらも、安心して「ありのままの自分」でいる場所がない。

ナルシシストはどこにいても、自分でない自分を見せていなければならない。

そうした心の居場所がないナルシシストは、おそらく「他者による自分の評価」にしがみついて生きていなければならないのであろう。自己執着である。

自分の心が「周りの人は自分をどう思っているか」ということに占拠されている。

とにかく自分がよく思われることで精一杯。人のことを考える心のゆとりがない。

自分の心の居場所があれば、批判に異常に敏感になる必要はない。

批判に対して過敏なのは「隠れたるナルシシスト」である。

「隠れたるナルシシスト」は否定的な感情を内面化している。(註82)

悲観主義者は「隠れたるナルシシスト」である。

否定的な感情を内面化しているから、将来を悲観的に見る。

誇大な自我のイメージを持ち、自己陶酔していながらも心の底では自己蔑視している。

表面的に誇大な自我のイメージを持ち、自己陶酔していながらも無意識では「自分は偽物である」と感じている。

意識における誇大な自我イメージと、無意識での「自分は偽物である」という自己イメージの矛盾がナルシシストのパーソナリティーである。

ネガティブ・ナルシシズムは、その偽物コンプレックスが表面化したものである。

劣等感と優越感が同じコインの表と裏のように、ナルシシズムと偽物コンプレックスも同じコインの表と裏である。

ナルシシストはどんなに誇大な自我のイメージを持ち、自己陶酔していようとも、無意識では自分は本物でないと感じている。

だから現実が怖いのである。自惚れながらも心の底では「あいつは俺と違って本物だ」というような劣等感がある。それが現実への脅えである。

「外面の良さと内面の悪さ」がよく言われる。ラジオのテレフォン人生相談をしていて、つくづく感じるのはその多さである。

ヒルティーの言う「外で子羊、家で狼」である。ナルシシストである。

それは外ではナルシシズムの偽物コンプレックスの側が現れ、家では誇大な自我のイメージの側が現れているのである。

家ではナルシシスト、外ではネガティブ・ナルシシストと言っても良いだろう。本質は同じである。

ナルシシストが救われるためには、自分の無意識に偽物コンプレックスがあるということを認めて、それに直面し、それを乗り越える以外にはない。

●注意されただけで、存在を否定されたと傷つき攻撃する

自己陶酔しているナルシシストが注意をされた時には、自分の存在を否定されたと感じる。受けた心の傷の深刻度は、心理的健康な人の想像を絶するほど深刻である。

さらにナルシシズムが消化している人には想像できないほどしつこく激しい怒りである。

自己陶酔の心の底には怖れがある。ナルシシストは自分に囚われていながらも怯えている。たとえ社会的に勝ち組と言われても心の底では怯えている。

問題はその現実を突きつけられて、自己陶酔できなくなる時である。心の底の恐怖

感が表面化してくる。

ナルシシストにとって周囲の世界は敵である。

そこでナルシシストは周囲の世界を攻撃し優位に立とうとする。


ナルシシスティックな自惚れに対する代償は「孤独と恐怖感」だとフロムはいう。

ある人は素晴しいものを身につけたり、高価なものを持つことで、その孤独や恐怖から逃れようとする。

そこでナルシシストは外側ばかりを整えることにエネルギーを使う。

それは「彼即ち物であれば、彼は孤独ではない」(註83)からである。

今の人があれほどブランド物に興味を示すのは、彼らがナルシシストで孤独だからである。

それを身につけている自分に酔える。ブランド物を身につけている「素敵な私」に酔える。「私はステキ!」と、自惚れることができる。

それを着ることで「あの人よりも私は素晴しい」と自惚れることができる。

そうした自分のナルシシズムが傷つかないようにその自己イメージを大切に守る。

そうしたブランド物を身につけた仲間が集まり、お互いに「ステキー！」と言い合ってナルシシズムを満たす。

これは「二者の愚行」をしているだけである。

お互いに褒め合うことを二者の愚行という。

エネルギーのない人が手抜きで自分の価値を上げる方法の一つである。

それはフロムが「二者の愚行」といったような人間環境である。お互いに称賛しあっている。しかし両者のそれぞれの心の底には自己蔑視がある。

しかしお互いに相手の自己蔑視が見えていない。本人も自分の自己蔑視に気がついていない。

子どもの時には親子で二者の愚行は時に、子どもには必要である。

しかし大人になればエネルギーがない人がする。

二者の愚行をする人はお互いに相手が好きではない。お互いに相手が大切ではない。

うつ病になるような人の人間関係、それはお互いに嫌いなのにお互いに好きだと思っている関係である。お互いに憎みながらお互いに愛していると思っている。典型的なのがカルト集団である。

カルト集団ばかりか周囲の人から見て鼻持ちならない集団、例えば鼻持ちならないお金持ちの家族や、虚栄心の強い友人グループ、劣等感で結びついている非行少年グループ、不安で結びついているグループ、そうしたいろいろな不自然な集団がそうである。

つまりマイナスの感情を絆としてできあがっている関係である。

今の日本人の拝物主義も拝金主義もナルシシズムの現れであろう。どんなに世界一周の旅行をしても、その人の心の世界は狭い。

そして今、例えば髪型等に異常に関心が集まっているのも同じである。日々努力してなにかを達成するのではなく、有名な美容師に髪を整えてもらえば、それで自分に酔える。

ナルシシストは努力ができない。今はまさにナルシシストの時代なのである。

●なぜ、批判されたと思い込むのか

ナルシシストは自己陶酔して生きていることが一見楽しそうだが、実は生きていることが怖い。その恐怖感を意識しているかどうかはまた別の問題である。たいていはその恐怖感もまた抑圧している。

自己陶酔の代償は「孤独感と恐怖」だとフロムは言うが、まさにその通りである。

もう少し一般的に言うと、利己的で身勝手な人は「孤独感と恐怖」に苦しんでいる。

ナルシシストは自己陶酔しているが、実は心の底では外界に怯えている。ビクビクしている。だから褒め言葉以外は批判に聞こえるのである。

外化で現実を解釈する人は実は怯えている。外化で現実を解釈するということは、自分の心の中で起きていることを外側で起きていることと解釈することである。

独りよがりの身勝手な人は、外から見ると勝手にやりたい放題やっているように見える。確かにナルシシストは周囲の人にとっては耐えられない人である。

しかしナルシシストのほうは案外心の中は「孤独感と恐怖」に苦しんでいる。それはなによりも人相が悪くなることで分かる。楽しければそんなに人相が悪くはならないだろう。

外から見ると別に苦労はないような生活をしているのに普通の人より早く老化してきたりする。他の人よりストレスはないような生活をしているのに、ストレスで普通の人より衰弱する。

「孤独感と恐怖」に苦しむ者にとっては周囲の世界は敵である。周囲の人の好意は信じられない。従ってたえず周囲の人を攻撃し優位に立とうとする。また周囲の人が自分よりも優位に立っていることを認められない。従って陰口が多くなり、スキャンダルを流して自分よりも優位に立つ人の失脚を狙う。

ナルシシストは「世界と関係をもたず、その結果ひとりぼっちで、そのため物事に驚きやすい。(註84)」

もちろんナルシシストは自分が独りぼっちだと意識しているわけではない。誰とも心が触れ合っていないと意識しているわけではない。

それほど孤独だということである。孤独を意識することさえできないほど孤独ということである。

自己陶酔は他者に対する関心の欠如であるから、孤独は当然である。

もちろん家族などはいる。しかし家族と心が触れ合っていない。表面的に見ると愛想がよくて孤立しているように見えないこともある。しかし心は孤独である。

●第一印象は最高の評価だが、次第に……

ナルシシストの調査によると、ナルシシストは、はじめは人気があるが、次第に信頼を失う。グループに対する貢献で、はじめは極めて高い評価を受ける。しかし7週間後には好意的評価は完全に消えてしまう。(註85)

ナルシシストは、はじめは高い評価をうけるが、後で高い評価は消える。もう一つ別の調査を見ると同じ結果が出ている。最初は一般的に好意的な評価であるが、最後には「冷たい、傲慢、自分を過剰に評価しているし、敵対的である」と評価される。

付き合いが長くなれば、人の本当の姿が見えてくる。

自己陶酔の代償は「孤独感と恐怖」だが、その「孤独感と恐怖」の行き着くところは抑うつである。抑うつは「もう、どうにもできない」という追いつめられた心理状態である。それは生きることも死ぬこともできない心理状態である。

ベラン・ウルフが現実は味方と述べているが、自己陶酔している人にとって現実は敵になる。

自己陶酔している人にとっては、現実は敵であり脅威である。自己陶酔の代償はあまりにも大きい。

オルポートは偏見の著作の中でフロイドの「人々が、一緒にやっていかねばならぬ未知の人に対して感ずる露骨な反感や嫌悪感に、我々は自己愛、ナルシシズムの表明を認める」(註86)という言葉を引用している。

ナルシシストは異質の物を受け入れられない。

異質の物を理解しようとしない。異質の物を拒否しようとする。ナルシシストは人嫌い。人を排除する。

ナルシシストには他人の現実がない。日本人がここまで「グローバリズム、グローバリズム」と騒ぐのは、実は心理的にグローバリズムが難しいからである。

日本人はナルシシストだから、未知への露骨な反感や嫌悪感、あるいは未知への怖れを抱く。その怖れを抑圧する。その反動形成で異常なほどグローバリズム、グローバリズムと騒ぐ。あるいは「大変化の時代、大変化の時代」と騒ぐ。

この自己陶酔であるナルシシズムを成長過程で解消できた人と解消できない人の生涯にわたる悩みの差はあまりにも大きい。

ナルシシストにとって人生は悩み多いものである。しかし心理的健康な人から見ると、彼らは「自分で悩みを作っている」としか見えないのである。

ナルシシストと心理的健康な人の人生が事実として違うわけではない。事実としての人生は同じようなものである。

しかし日々の悩みはまったく違う。いつも傷ついているナルシシストは、被害者意識でしか人生を捉えられない。いつも傷ついているナルシシストは、いつも周囲からなにかの被害を受けている。

だからナルシシズムをほぼ解消した心理的健康な人から見ると、彼らがなんでそんなに悩んでいるのかが理解できない。

確かに彼らはナルシシズムによって「自分で悩みを作っている」。

こういう人はまず自分の中のナルシシズムに気がつくことが第一である。

自分の悩みの原因は自分のナルシシズムであると理解できれば、悩み解決への第一歩を踏み出したことになる。

学者の立場で必ずしも一致している見解ではないが、ナルシシズムは誰もが持って生まれてくる。ところが幸運な人は主として母親との関係で解消する。

しかし、不幸にして母親が心理的問題を抱えている場合には、ナルシシズムは解消されないままに大人になっても残っている。そしてそれは神経症的ナルシシズムとなっている。(註87)
いつも褒められていないとイライラするなどとなれば、それは神経症的傾向の強いナルシシズムである。
フロムは良性型のナルシシズムと悪性型のナルシシズムを区別している。(註87)
良性型のナルシシズムの対象は仕事である。自己の仕事に対する排他的な関心である。

これは業績であるから現実と関係を持たざるを得ない。そこで自分の仕事への関心と現実とが平衡を保たざるを得ないとフロムは言う。

例えば料理人はたとえナルシシストであっても、料理を素晴らしい味と称賛してくれる人がいる限りにおいて、現実との接点はなくならない。

悪性型のナルシシズムは例えば美貌のように、自分の持っているものがナルシシズムの対象となる場合である。家柄や肉体や富も同様である。

「美貌の自分」に陶酔している人は、誰とも関係を持たなくても、自分は「美貌の人」であり続けられる。現実との接点を必要としない。もちろん孤立はしてくる。

悪性型のナルシシズムの場合には努力を必要としないもので自己陶酔している時である。

そしてナルシシスティックな「栄光の中へと自らを孤立させざるをえなくなるのである」(註88)とフロムは言う。

この「栄光と孤立」はカレン・ホルナイが神経症の特徴として挙げたものである。

神経症者と言うか、ナルシシストと言うかは別にして「栄光と孤立」に陥った時には、心に深刻な問題を抱えた時である。

もちろん本当の天才は別である。あくまでもこれは普通の人の場合である。

従って料理人が「誰もこの味の分かる奴はいない」と言い出した時には、悪性型のナルシシズムに陥ってきた時であろう。現実との接点を失い出している。

●自分がどう映っているのかが一番の関心事

ナルシシズムを自己愛と訳すところの間違いは、多くの人が気がついていることだろう。ナルシシストは自分のイメージに関心があるが、現実の自分には関心がない。人の話をしていても悪口以外はつまらない。

しかし「私についての話題」はおもしろい。ナルシシストは自分で自分を「ステキ！」と語ることで生きている。

本来は他人に「こうしてほしい」と思うことを、自分で自分にしている。他人に言ってもらうよりも自分で言っているほうが簡単である。小さい頃から愛された体験がないのである。

ナルシシストは、人間として一番大切なものを忘れて、生きて来てしまった。

また、よくナルシシズムの説明として「自分にしか関心がない」と説明されているが、この説明も注意して理解する必要がある。

ナルシシストは現実の自分には関心がない。ナルシシストが関心を持つのは現実の自分ではなく、自分の影である。

彼らはギリシャ神話に出てくるナルシスのように、水に映っている自分に関心がある。このナルシスの水に当たるのが、現代のナルシシストにとっては他人である。他人の心に映っている自分に関心があるだけである。

現実の自分に関心があるわけではない。つまりナルシシストは他人が自分をどう思っているかにしか関心がない。

現代人はナルシシストだという。ナルシシストは子どもたちの可愛い顔には感動しないが、鏡に映る自分の姿にはうっとりとする。

飽きることなく自分の話をするが、他人の話はすぐに飽きる。人にも犬にも料理にも、もちろん数学にも音楽にも外界には一切関心がない。ただ関心は自分のイメージだけ。そのエネルギーはすさまじい。日常生活はだらしがないのに、延々と自分の話をする。

部屋をきれいにする、手をかけて食事の用意をするなど日常生活を整えることにはまったくエネルギーがない。日常生活を整えることはナルシシストのエネルギーではないからである。

ナルシシストは努力が嫌いである。ただ鏡を見ていてなにもしていない。なんで動かないのか？　それは人と心が触れていないから生産的なエネルギーが出ないのである。

現実の自分に関心があれば、その人のエネルギーは自己実現に向かう。自分のできることをしようとする。自分の潜在的な可能性をいかに実現するかに目が向いていく。

幸せになる人はいつまでも鏡を見ていない。水に映った自分の姿に見とれていない。

ナルシシストは自分が満たされていないから鏡を見て、「私って、きれいだわー」と見とれるのである。

●それほど努力しないわりに、高評価を得ないと傷つく

人と親しくなれる人は、人の美しさに見とれる。自分のエネルギーがなにか外のものに向かって発散されている人は、鏡を見て、「私って、きれいだわー」と見とれない。

ナルシシストが写真を撮れば自分の写真ばかりを撮っていると考えればいい。他人の写真は撮らない。風景画も撮らない。自分以外には関心がないのだから。

ナルシシストは自分の影に関心がある。現実の自分には関心がない。自分の潜在的な可能性を実現することには関心がない。

ナルシスが水に映った自分の影に関心を持つように、ナルシシストは他人の心に映っている自分に関心を持つ。つまり「他者の中にある自己のイメージ」に対する関心である。

平たくいえばナルシシストは「他人が自分をどう思っているか」にしか関心がない。

ナルシシストは偽ブランドでも人が「ステキ！」と思ってくれれば満足する。偽ブランドでも身につけていれば、満足する。

自己実現している人は、人に見せるために偽ブランドを買わない。偽ブランドは自分で作って、自分で楽しめばいい。自己実現している人は、物を作る楽しさを知っている。自分の技術、自分の力を有効に活かすというのが自己実現である。ナルシシストは偽ブランドを買うからいけない。

「他人の心に映っている自分」といっても、現実に他人がどう思っているかどうかは別である。ナルシシストが一人で勝手に「他人は自分をこう思っているだろうな」という自分に対する関心である。

それはナルシシストが「他人の心に映っている自分」と勝手に思っている自分である。他人はその人を「愚か」と思っていても、ナルシシストは「すてき！　賢い」と思われていると信じていることもある。

作家気取りの人、芸術家気取りの人、学者気取りの人、いろいろな気取り屋さんがいる。典型的な気取り屋さんがナルシシストである。

ナルシシストにとって世の中は舞台。いつも演技をしている。

演技の評価は期待したようなものでないことが多い。そこで傷つく。それがナルシストにとっては被害に遭ったということである。

ナルシシズムと被害者意識とは分かちがたく結びついている。被害者意識と悲観主義の根底はナルシシズムであるということはすでに述べた。

大きな包丁を持っている者が、すべて上手な料理人とは限らないというスウェーデンの諺（ことわざ）があるようだが、ナルシシストは料理には関心がない。しかし大きな包丁を持つことにはものすごく関心がある。

ナルシシストは別に幸せになりたいわけではない。幸せと思われたいだけである。別に優秀な人になりたいわけではない。優秀な人と思われたいだけである。別に親切な人になりたいわけではない。親切な人と思われたいだけである。

時に不必要なまでに親切な人がいる。それがナルシシストである。相手に関心がないから親切をする意志はない。ただ親切な人と思われたい。そこでついつい行き過ぎた親切になる。

●メンヘラが生まれる土壌がある日本の社会

ナルシシズムは他者へ無関心である。この他者への無関心と無責任は結びついている。（註89）さらに、その「無関心と無責任」は勇気の欠如と結びついていく。

勇気の欠如とは自分の人生の問題に立ち向かわないことである。逃げることである。そして重荷を他人の肩へ投げることである。この「勇気の欠如」という人生に対する態度が問題である。

とにかくこの責任回避は他人への関心の欠如と結びついている。ナルシシストの親は子どもへの関心がないから子どもへの責任感がない。自分の子どもという責任感がないから、子どもへの関心が生じないという悪循環である。

今の日本の親の無責任感の原因は、なによりもナルシシズムであろう。子どもに関心がない。子どもに関心がない心理状態で、いくら親に「責任感を持て」と言っても意味がない。

今の日本が無責任社会になってしまったのは、みんながナルシシストになったからである。そういう意味で、メンヘラというような奇妙は言葉が出てきたのにはそれなりの理由がある。「メンヘラの精神構造」に関心が出るのにもそれなりの理由がある。

社会の中でまあまあ普通の人にでも見かけるナルシシズムについて、フロムは次のようにいくつかの例を述べている。

まずナルシシズムは自分の肉体について現われる。普通の人は自分の体や顔や姿が好きで、別の「より美しい他人と替わりたくないか？」と尋ねられたら、他の人と取り替えたくないと思っている。

自分自身の肉体と関係があると心地良いことが、他人の肉体と関係あると不快になる。他人の排泄物には嫌悪を示すが、自分の排泄物には同じような嫌悪を示さない。[註90]

次に自分の現実が唯一の現実であるという感じ方が普通の人にも多少はある。

普通の人というよりも強度のナルシシストは恋愛で、相手の女性が自分を愛していないと信じられない。他人の現実と自分の現実とは違うということが理解できない。

「一般に彼は他人の言葉を聞いていないし、ほんとうの関心を示さない」[註91]

普通の人には「他人の言葉を聞いていない」ということがなかなかイメージしにく

い。つまりナルシシストは聞いているのだけれども「聞いていない」ということが想像しにくいのである。

聞いていなければ普通、返事はしない。しかし彼らは、返事だけはする。しかしやはり聞いていない。これが理解できないとナルシシストとはどのような人間であるか理解できていないことになる。

ナルシシストと話をしていると「ええ?」と驚く時がある。あの時「いい」と言ったではないか、と驚くことが多い。話しを聞いていないで返事をしているのである。

ナルシシストは承諾を与えるということを意識しないで承諾を与える。

ナルシシストは相手が自分のことを「さすが」と褒めることに関心がある。あるいは相手が望むように反応しないとおもしろくない。相手が自分を批判することに過敏である。

フロムのいう神経症的非利己主義は、ナルシシズムの反動形成である。

「あなたさえ幸せならお母さんはそれでいいの」というような立派な母親、つまり非利己主義に見える母親の息子がなぜピーターパン症候群になるのか? なぜメンヘラになるのか?

それはそういう立派に見える母親の正体はナルシシストだからである。

実はこの母親は子どもにはなんの関心もない。自分が立派な母親であるということを見せることにしか関心がない。

非利己主義に見えるのは、そうした自己執着の反動形成だからこそ、その「立派な母親」を誇示しなければならないのである。

「立派な母親」と思ってもらうためなら平気で虐待でもなんでもする。

その結果子どもは心理的成長ができない。

●心理的成長に失敗したのがメンヘラ

ナルシシストについてよく言われるのは、鏡に映る自分を見つめるような自己陶酔である。

「自分の体が彼女の知っている唯一の重要な現実なのである。(註92)」

要するに自分を称えてくれる態度を示さない人に傷つき、怒りを感じる。なんでも自分の思うようにならないとおもしろくない。

だからナルシシストは常に被害者意識を持っている。

よく「あの人はわがままだ、なんでも自分の思うようにならないと怒る」と言う。これがナルシシストである。

人が望んだように褒めてくれないとすぐに頭にくる。不愉快になる。

さらにナルシシストは自分と関連のあるすべてのものに同じ愛着を示す。自分の家、自分の持っている知識、自分の観念、自分の興味範囲。

まず、ナルシシズムは自分のものに対する執着に表われる。自分の体、自己像、自分の業績、自分の持ち物などなどに対する執着である。

愛国心は望ましいものである。しかし、ナルシシストの愛国心は危険である。

愛国心は本来望ましいものであるにもかかわらずそのことに反対をする人がいる。そういう人は、ナルシシズムの対象としての国に対する執着を愛国心と考えているからである。

ナルシシズムとは自分のものであるがゆえに価値があるという感じ方である。

自分の国をどう見るかに大きな影響を与えるのがナルシシズムである。

どのようなタイプのナルシシストであれ、他者への無関心は共通している。

そして他人の存在を忘れて、いつも自分の立場に不満な人がいる。

本当は、自分は部長に昇格して当然である。本当は、自分は課長になれる才能がある。本当は、自分はあの賞をもらって当然である。本当は、自分の本はベストセラーになって当然である。そう思っている人がいる。

しかし現実にはそうはならない。

ナルシシストはパーソナリティーの核に、このような満たされないものがある。だからいつもものすごい称賛を求めたり、普通の人が期待しないようなすごい財産を求めたりするのである。

それらの財産や称賛が自分の核にある不満を解消してくれると錯覚する。

ナルシシストが道を踏み外すのは、このパーソナリティーの核にある不満のためである。よく「不満分子」という言葉で表わされる人たちである。

彼らはたとえ成功しても現状の成功では満足できないのである。普通の人ならそれで満足するような成功ではナルシシストは満足できない。とてもその人の才能では望むべくもない成功と称賛を求めるがゆえにつまずく。

他人から見ると「よくまー、欲の皮が突っ張っていることよ」と見える。

要するに大人になってもナルシシストである人とは、心理的に成長することに失敗した人なのである。それがメンヘラといわれる人である。

そしてその失敗を外側の成功で補おうとしている。しかし最終的には心理的成長の失敗を外側の成功では補えない。

ナルシシストは自己執着で他者の存在がないから、今の自分のポストがいろいろな人によって支えられているということが理解できない。

●社会的な常識があるようでないからトラブルになる

他者の存在が分からなくなって生きることの怖しさをイソップ物語風の寓話で考えてみたい。

毎日リスは自分の仕事をしてから、木の実を探しに出掛けていました。自分の仕事は、住んでいる地域にある木に肥料をあげること、災害が起こることを知らせてくれるカラスに食べ物をあげることでした。

ある日リスは、とてつもない実がなっている木を見つけました。この実をあげれば誰もが喜んで自分を迎えてくれると思ったリスは毎日の仕事をやめました。

そして、仲間に実をあげては一人で偉くなった気分でした。ところが、たくさん実をつけた木が枯れてしまいました。すると、あんなに集まってきた仲間が全部去ってしまいました。

やがてリスが自分の巣に戻ってくるとその木は枯れてなくなっていました。

その夜リスは野原で寝ることにしました。いつもはカラスが危険を知らせてくれていたので、自分を守ることを忘れていました。

近くに狼が来ていることも知らずに「また、たくさん実をつけた木があればいいなあ」と考えながら寝てしまいました。

気がついたら自分の命まで失くしてしまいました。

ナルシシストは自分に時間があれば、会いたい相手に会えると思う。

相手に関心がなければ、相手には時間がないから「自分とは会えない」ということに気がつかない。

相手に関心がないから、相手の事情を無視する。その上で「会いたい」と言う。しかし現実には会えない。そこで傷つく。

ナルシシストは相手に関心がないから常に傷つく。常に被害者である。普通の人は相手に関心があるから相手の事情を理解する。そこで自分の社会的位置が分かっているので、ナルシシストのように傷つかない。

社会の中での自分の位置が分かっていて、相手に関心があれば、相手と適切な接し方も分かるので、傷つく機会も、落ち込む機会も少ない。

ナルシシストには社会の中の自分の位置というのが分からない。ナルシシストにとって、社会は「ない」。

●ほんの些細なことでも本人は激しい怒りに

ナルシシストは「この人」とか「あの人」との信頼関係がない。

他人はみんな同じ人間である。自分を褒めてくれるか褒めてくれないかの関心だけである。褒めてくれれば嬉しいし、けなされれば傷つく。

もし「この人」との信頼関係があれば、それ以外の人の言動にそれほど傷つかない。

「あの人」が自分を無視した。「あの人」が自分を軽く扱った。もし特定の人との信頼関係があれば、それほど傷つかない。

普通の人は、信頼関係のある「特定のその人」と、それ以外の人とでは自分にとって重要度がまったく違う。

そしてその信頼関係のある人が、自分の心の支えになっている。

人からけなされたり、軽く扱われたりすれば誰でも不愉快になることはある。しかし「あの人」がいると思えれば、自然と不愉快な感情は消えてくる。

しかし誰との信頼関係もなく、対象無差別に人から認められたいと願っていれば、不特定多数の「あの人」の態度に傷つく。

それほどひどいことを言われたのでなくても、夜も眠れないほど怒りが湧いてくる。

そしてその怒りは夜のしじまの中で激しくなってくることはあっても、収まってくることはない。

「あの人」と「この人」との重要度の違いがあり、「あの人」との信頼関係が心の支えだとすれば、「この人」の失礼な態度は、はらわたが煮えくりかえるほどのすごいストレスにはならない。

もし「あの人」との信頼関係があれば、「この人」の失礼な態度への怒りは時と共に消えてしまう。「この人」は自分にとってどうでもいい人だからである。

普通の人にとって、他ならぬ「あの人」が僕を認めてくれたのだという喜びはなにものにも代えがたい。「あの人」と「この人」では自分にとっての重要度がまったく違う。他者に対する積極的関心があるから、「ああ、あの人が」という積極的感情が生まれる。

ナルシシストの自己陶酔と、他者への無関心は分かちがたく結びついていることには説明を要しないであろう。

そしてこの二つの心理と傷つきやすさとも深く関わっている。つまり傷つきやすさと被害者意識と自己陶酔と他者への無関心は一つの塊である。そこに無責任が加わる。

私は悩んでいる人の共通性として人間関係の距離感がないと今まで書いてきたが、これはもちろんナルシシストにも当てはまることである。

ナルシシストは自己陶酔で、他者への無関心だから誰に褒められても同じ喜びである。

「あの人」が褒めてくれたということが、前向きの生きるエネルギーにならない。

「あの人」が褒めてくれても、「この人」が褒めてくれても感激は同じだからである。

とにかく人から「褒められたい」だけである。

「あの人」が愛を語ってくれても、「あの人」にふさわしい人間になろうというエネルギーが湧いてくるわけではない。

「あの人」が愛を語ってくれても、「この人」が愛を語ってくれても感激は同じだからである。とにかく自分が愛されて嬉しいと言うだけである。

「自分が」愛されるということが嬉しいのである。とにかく人との心の触れ合いがなく自分という存在だけだから、「あの人との関係としての自分」がない。

「あの人」との関係での愛だから、ことさらに嬉しいと言うことがない。

他者への無関心ということは「この人」も「あの人」も同じ人なのである。自分にとっての重要度が人によって違わない。人間関係の距離感がない。

●軽く扱われただけで、悔しくて夜も眠れなくなる

傷つく時も、嬉しい時も、「あの人だから」とか「この人だから」ということがない。

従って「どうでも良い」と言う人もいない。

誰であろうと軽く扱われると怒りが湧いてくる。別に「あの人」にどう扱われようと気にならないということがない。

自分にとっての重要な他者との間に深い信頼関係があれば、別に「あの人」に失礼なことをされてもそんなことはどうでも良い。「あの人」にどう扱われようと夜はぐっすりと眠れる。

ナルシシストは、信頼関係のある重要な他者がいないから、誰かに軽く扱われると傷ついて怒る。夜はぐっすりと眠れない。

そうして人に振り回されてしまう。他人の失礼な態度に同じように心理的影響を受ける。

そこでいつも自分の気持ちを他人にかき回されてしまう。他人に気持ちを振り回されてしまうのは、ナルシシストが相手を見ていないからである。

誠実な人も、不誠実な人もみんな同じ他人なのである。人間関係の距離感のある人は、不誠実な人からひどい扱いを受けても、別にそれほど傷つかないから怒らない。

こんな人に腹を立てるのはバカらしいと思う。相手を見る人は、人間関係の距離感のある人である。ナルシシストではない。

ナルシシストは相手を見ていない。自己執着で自分しか見ていない。そしてみんなから気持ちをかき乱されている。

相手を見る人なら、相手から批判された時に、「この人は神経症だな」と思えば、批判されたからといって心の動揺はない。傷ついて怒りを持ったり、怒りを抑えて落ち込んだりということはない。

相手が強迫的に名声を追求しているような人だとする。つまり依存的性格である。

自分が名声を追求することしか考えていない。

その人が失礼な言動をする。こちらを侮辱する態度をする。

ナルシシストはここで傷つき、怒り、悔しくて夜も眠れなくなる。

しかし相手を見れば、怒ることはない。相手は虚栄心が強くて冷たい利己主義者で自己中心的で心の病んだ人である。

そんな人に侮辱されたからといって腹を立てることは馬鹿らしい。

しかし自分にしか関心のないナルシシストは、冷たい利己主義者の言動を自我価値と結びつけて解釈してしまう。相手の失礼な言動に自我価値の剥奪を感じてしまう。軽く扱われたことでおもしろくない。

メンヘラ本人ができる四つの改善策

ナルシシズムは誰もが持って生まれてくると私は思っている。

そして生まれた人間環境によって成長の過程で解消できる人もいれば、まったく解消できない人もいる。それを完全に解消するのが悟りに近い心理状態であろうが、ほとんどの人は悟りを開けない。

この本のテーマであるメンヘラ社員の心理構造は、解消できないほうの人である。少なくとも日本の社員には多いタイプである。

お互いにコミュニケーションがうまくいっているということは、相手の言うことを相手が言おうとしている意味において受け取ると言うことである。相手は、こちらの言うことをこちらが言わんとする意味において理解していると言うことである。

お互いに心が触れていて親しいと言うことは、相手が自分が気がついていないことを気づかせてくれると言うことである。

ではどうすれば良いのか？

1. 自分で立つ、解決の入り口

「明日は、あの人に会わなければいけない。そして謝らなければならない。これを渡さなければならない」などのことがある。

そう思うと逃げたくなる。嫌な気持ちになる。不愉快になる。不安になる。そして、最後は死にたくなる。

「なんで生きることは、こんなにつらいんだ」と人を恨む。誰を恨んでいいか分からないが恨む。憎しみと恨みでほとほと疲れ果てる。身も心もボロボロになる。

でも、実は怖くないものを怖がって、消耗しているということはないだろうか?

「これは怖くはないのではないか」と自分に言い聞かせると同時に、「これはそんなに嫌なことではない」と言い聞かせる。

小さい頃、なにか嫌なことを体験すると、嫌でないことも嫌と感じてしまうように、自分の心ができあがっているのかもしれない。

とにかく、自分は理由もなくある感情を学習してしまっている。その原点を、思い当ててみる。そうして、その感情から解放されることがスタートする。

「同じ刺激が異なるコンテクストでは、異なる感情になることを気づかないと、私たちは自ら作り出した感情連想の犠牲となる。(註2)」

第1章で、被責妄想とは相手から責められていないのに責められていると感じてしまう心理であると説明した。

確かにそういう人は小さい頃、常に責められていた。しかし大人になって、自分は小さい頃とは異なった人間関係の中にいる。異なったコンテクストにいる。

まさに「異なるコンテクストでは、異なる感情になることを気づかない」と責められていない、怒られてもいないのに、責められている、怒られていると思ってしまう。

上司の指導をパワーハラスメントと認知しやすい人は、上司との関係から始まって、夫婦、友人、恋人との関係に至るまで、誤解しているに違いない。そして、自ら作り出した感情の犠牲者になる。

ストレスは、消えたはずの恐怖の反応を再び活発化させる。恐怖のシステムは、脳に埋め込まれた、もっとも基本的な学習メカニズムである。(註93)

昔は、うつ病者などの反応は正しかった。実際に責められていた。

しかし、今は状況が違う。でも反応は昔と同じ。それが感情的記憶の怖しさである。

小さい頃からストレスの強い環境で育った人は、自分の脳はかなり損傷をきたしていると思うことである。そして、それを回復しようと努めることである。

それには、繰り返し繰り返し、死ぬほど繰り返し、自分の現在の反応は間違っていると自分に言い聞かせることである。

小さい頃から責められて生きてきた人は、気の遠くなるほど毎日毎日夜も昼も365日「この人は自分を責めているのではない」と言い聞かせて生きていくことである。

小さい頃から責められて生きてくると、人を信じられなくなる。人が自分を愛してくれる、などということは信じられなくなる。人が自分のことを思いやってくれているなどとは信じられなくなる。

小さい頃、敵意に囲まれて生きてくると、大人になってから人の温かい思いやりを信じられなくなる。それは当たり前である。自分に批判的で自分を攻撃しているとしか感じられなくなってもなんの不思議もない。小さい頃から、そうした敵意に囲まれて生きていると、人は自分に悪意を持っているとしか思えなくなるのである。

そのような神経回路が脳の中にできているのだから。その回路を消滅させて新しい回路を作ることは大変な時間と労力を必要とする。

でも、それ以外に幸せになる道はない。根気強く何度でも「私は批判されているのではない」と自分に言い聞かせるしかない。

2. 目の前の怯えは、実は子どもの頃の怯え

小さい頃、親に支配され束縛され、「お前は、私の幸せの障害になっている。いないほうがいい」という破壊的メッセージを与え続けられて、いじめ抜かれて成長した人がいるとする。

その人が会社に入って、上司を父親と同一視した場合には悲劇が起きる。事実とはかけ離れた感じ方をする。

社会に出てから毎日、毎日いろいろな人と出会う。その人たちが言うことを毎日、誤解しながら生きるということは、生易しいものではない。

なにかに怯えた時には、「自分は子どもの頃の怯えを再体験しているのではないか」と疑ってみることである。

そして今の怯えに隠されている自分の過去の経験を見い出す。

なんでもない人の無責任なその場の批判に、敏感に反応する人がいる。そういう人は、脅威志向が高くて、無意味にひどく傷ついたり、落ち込んだりする。

そのように、理由もなく人の批判に傷ついたり、あるいは人の批判に落ち込んだりした時には「自分は子どもの頃に批判されて怯えた体験を、今、再体験しているのではないか」と疑ってみることである。

3. 責められていると「思い込んでいる」ことに気づく

話し合いが行なわれたとする。例えば、「あることが自分たちには欠けている」と話題になる。すると、それはそのまま自分がみんなから批判されている、責められているとしか感じられなくなっているのである。

その時に「自分は、このことで今、みんなから責められているのではない」と必死で自分に言い聞かせるしかない。

誰かが「これをしとけばよかった」と言う。その話題になる。するとその時にそれをしなかったのは自分が悪くて、みんなはそのことで自分を責めているとしか感じられないのである。

だから繰り返し繰り返し、「今、みんなは自分を責めているのではない」と言い聞かせるのである。

小さい頃、家族は口を開けば、自分を責めていた。それならそれと同じ時間よりも、もっと多くの時間をかけて古い神経回路を消滅させるしかない。

「自分の今の反応は、恐怖の間違った反応である」と、どんなに言い聞かせても「私は責められている」と感じてしまう。

自分は責められていないと思おうとすると、なんとなく居心地が悪い。責められていないと思おうとすると、なんとなく気持ちが落ち着かない。

責められていることは不快である。悲しいし、傷つく、恨みを持つ。しかし不思議なことに、そのほうが気持ちは落ち着くのである。

おそらく恐怖の反応に慣れ過ぎてしまっているのだろう。

4. 繰り返していくと効果が見えてくる

繰り返し挑戦してみるより、他に方法はない。

どうしても自己主張できない人がいる。今日こそは思い切ってやってみようとする。でも言いたいことが言えなかった。

その「また、だめだった」ということの繰り返しの中で、言いたいことを言えるようになる。

一度、言えたからといって次の機会にまた言えるわけではない。一度言えても次にはまた言えないことがある。それも当然と思わなければならない。

従順を強いられて生きてきた人が、その心の習慣を変えるのはまさに王国を築くよりもエネルギーのいることなのである。

すぐにそれができるようになるという考え方こそ、まさにイラショナル・ビリーフ「非合理的な考え方」である。

不快な気持ちに悩まされる時に、今の自分の心のどこにイラショナル・ビリーフがあるのだろうかと探す。そしてそれを是正しようとする。

それをして損をすることはない。それをしたためにもっと不愉快になるということはない。はじめはその程度を期待する。

練習を積めばそれなりの効果が出るだろう。そしてその効果は次第に大きくなっていく。

なにが自分のイラショナル・ビリーフか、なにがイラショナル・ビリーフではないのかを整理する。それも心の整理学である。

自分の心の中に問題があるからつらいことになっている問題と、外側の世界に問題があるからつらいことになっている問題とを区別しなければならない。

あとがき

人が最後まできちんと生きるのは大変なことである。

メンヘラの概念はハッキリしないが、言葉通り解釈すれば、メンタルヘルスに問題がある、心に問題がある、心が病んでいるということであろう。

それは心の健康の逆である。心の健康を「現実と接している」と解釈すれば、心が病んでいるというのは、現実と接していない。

例えば本文中に説明した被責妄想である。現実には相手はこちらのことを責めていないのに、責めていると思ってしまう。

あるいは被蔑視妄想である。現実には相手はこちらのことを蔑視していないのに、蔑視していると感じてしまう。

そして被害者意識にたってものをいったり、理由もなく深刻な悲観主義に陥ったりする。

メンヘラというと、語感としてはなにかチャラチャラしているが、内容は深刻である。心が病んでいるのであるから。

本文中に書いたように、被害者意識はナルシシズムが傷つき、その怒りの変装したものであり、心が病んでいる姿そのものである。あるいはメンヘラといわれる人は怒りを抑えて、不自然な明るさを演じる。空虚な明るさである。

最後になったが、この本は、『悩まずにはいられない人』(ＰＨＰ新書)に続いて堀井紀公子様にお世話になった。紙面を借りて謝意を述べたい。

加藤　諦三

二〇二〇年　五月

Business Media, LLC 2008, p.16

（註81） ibid., p.63

（註82） ibid., p.16

（註83） Erich From, the heart Of Man, Harper & Row, Publishers, New York, 1964, 鈴木重吉訳, 悪について, 紀伊國屋書店, 昭和40年, 94頁

（註84） 前掲書, 93頁

（註85） Roy F. Baumeister, Jennifer D. Campbell, Joachim I. Krueger, and Kathleen D. Vohs, DOES HIGH SELF-ESTEEM CAUSE BETTER PERFORMANCE, INTERPERSONAL SUCCESS,HAPPINESS, OR HEALTHIER LIFESTYLES?, PSYCHOLOGICAL SCIENCE IN THE PUBLIC INTEREST, Copyright © 2003 American Psychological Society, VOL. 4, NO. 1, MAY 2003, p.19

（註86） Gordon Allport, The Nature of Prejudice, A Doubleday Anchor Book, 1958, 原谷達夫・野村昭共訳, 偏見の心理上巻, 培風館, 昭和36年, 25頁

（註87） Erich Fromm, The Heart Of Man, Harper & Row, Publishers, New York,1964, 鈴木重吉訳, 悪について, 紀伊國屋書店, 昭和40年, 96頁

（註88） 前掲書, 98頁

（註89） Alfred Adler, Social Interest: A Challenge To Mankind, Faber and Faber LTD 24 Russel Square, London, p.160

（註90） Erich Fromm, The Heart Of Man, Harper & Row, Publishers, New York,1964, 鈴木重吉訳, 悪について, 紀伊國屋書店, 昭和40年, 96頁

（註91） 前掲書, 86頁

（註92） 前掲書, 84頁

（註93） EQ, Daniel Goleman, Emotional Intelligence, Bantam Books, 1995, p.139

(註66) Karen Horney, The Unknown Karen Horney, Edited by Bernard J. Paris, Yale University Press, 2000, p.316
(註67) ibid., p.317
(註68) Erich Fromm, The Heart Of Man, Harper & Row, Publishers, New York, 1964, 鈴木重吉訳, 悪について, 紀伊國屋書店, 昭和40年, 131-132頁
(註69) 前掲書, 86頁
(註70) 前掲書, 88頁
(註71) 前掲書, 95頁
(註72) Erich Fromm, The Art of Loving, Harper & Publishers, Inc., 1956, 懸田克躬訳, 愛するということ, 紀伊國屋書店, 昭和34年, 81頁
(註73) Gordon D. Atlas & Melissa A. Them, Narcissism and Sensitivity to Criticism: A Preliminary Investigation, Published online: 16 February 2008, p.63 # Springer Science + Business Media, LLC 2008.
(註74) Bryce F. Sullivan, Danica L. Geaslin, The Role of Narcissism, Self-Esteem, and Irrtional Beliefs in Prediḍting Aggression, Journal of Social Behavior and Personality, 2001, Vol.16, No. 1, 53–68, p.54–55
(註75) Ruth A. Hitchcock, Understanding Physical Abuse as a Life-Style Individual Psychology. Vol. 41. No. I, March 1987, p.50
(註76) Narcissism and Sensitivity to Criticism: A Preliminary Investigation Gordon D. Atlas & Melissa A. Them
Published online: 16 February 2008, p.63 # Springer Science + Business Media, LLC 2008
(註77) Erich From, the heart Of Man, Harper & Row, Publishers, New York, 1964, 鈴木重吉訳, 悪について, 紀伊國屋書店, 昭和40年, 84頁
(註78) 前掲書, 85頁
(註79) Paul Wink, Institute of Personality Assessment and Research, University of California, Berkeley PERSONALITY PROCESSES AND INDIVIDUAL DIFFERENCES Two Faces of Narcissism, Journal of Personality and Social Psychology,1991, Vol.61, No. 4,590-597 Copyright © 1991 by the American Psychological Association, Inc. 0022–3514/91/S3.00
(註80) Narcissism and Sensitivity to Criticism: A Preliminary Investigation Gordon D. Atlas & Melissa A. Them
Published online: 16 February 2008, p.63 # Springer Science +

Association, Inc. 0022–3514/91/S3.00, p.590

（註50） ibid., p.596

（註51） Julian Walkera* and Victoria Knauerb, The role of narcissism Humiliation, self-esteem and violence, The Journal of Forensic Psychiatry & Psychology, Vol.22, No.5, Routledge, October 2011, p.724–741, p.729

（註52） ibid., p.728

（註53） ibid., p.729

（註54） Gordon D. Atlas & Melissa A. Them, Narcissism and Sensitivity to Criticism: A Preliminary Investigation, Published online: 16 February 2008, # Springer Science + Business Media, LLC 2008, p.62

（註55） Michael P. Maniacci, His Majesty the Baby: Narcissism through the Lens of Individual Psychology, The journal of Individual Psychology, Vol. 63, No. 2, Summer 2007, O2007 by the University of Texas Press, P.O. Box 7819, Austin, TX 78713-7819, Editorial office located in the College of Education al Georgia State University. p.137

（註56） Jűrg Willi, Pie Zwierbeziehung, Rowohlt Verlag ZmbH, 1975, 中野良平, 奥村満佐子訳, 夫婦関係の精神分析, 法政大学出版局, 昭和60年, 93頁

（註57） CARTER-SCOTT, CORPORATE NEGAHOLIC, 加藤諦三訳,こうすれば人間関係がラクになる,ダイヤモンド社, 平成4年

（註58） 前掲書, 3頁

（註59） 前掲書, 91–92頁

（註60） What are your expectations for your next 12months;will the next 12 months be better, worse, or the same when it comes to your life in general?, Volume XXIX Issue 2, March/April 2005, World Opinion Update p.35

（註61） Volume XXVII Issue 6 June 2003, World Opinion Update, p.7–71

（註62） Bulletin of the Menninger Clinic, Fall90, Vol. 54 Issue 4, p,512 12p.

（註63） David Seabury, The Art of Selfishness, Simon & Schuter, New York, 1937, 加藤諦三訳, 自分に負けない生きかた, 三笠書房, 昭和56年, 180頁

（註64） 前掲書, 42頁

（註65） Frieda Fromm–Reichmann, Psychoanalysis and Psychotherapy, 1959, 早坂泰次郎訳, 人間関係の病理学, 誠信書房, 昭和38年, 378頁

The University of Chicago Press, 1950, p.4

(註36) ibid., p.64

(註37) 内沼幸雄, 対人恐怖の人間学, 弘文堂, 昭和52年, 141頁

(註38) Karen Horney, Neurosis and Human Growth, W.W.NORTON & COMPANY, 1950, p.57

(註39) Manes Sperber, Translation by Krishna Winston, Masks of Loneliness, Macmillan Publishing Co., Inc. New York, 1974, p.180

(註40) Cramerus, Maryke, Adolescent anger, Bulletin of the Menninger Clinic, Fall90, Vol. 54 Issue 4, p.512. 12p.

(註41) Narcissism and Aggression, JOSEPH D. NOSHPITZ, M.D.* Washington, D.C., AMERICAN JOURNAL OF PSYCHOTHERAPY, Vol. XXXVIII, No. 1, January 1984, p.17

(註42) ibid., p.28

(註43) ibid., p.25

(註44) ibid., p.33

(註45) Narcissism and Aggression, JOSEPH D. NOSHPITZ, M.D.* Washington, D.C., AMERICAN JOURNAL OF PSYCHOTHERAPY, Vol. XXXVIII, No. 1, January 1984

(註46) Sander Thomaes,1 Brad J. Bushman, Bram Orobio de Castro,Geoffrey L. Cohen, and Jaap J.A. Denissen, Reducing Narcissistic Aggression by Buttressing Self-Esteem, Association for Psychological Science, Volume 20–Number 12, 2009, p.1536

(註47) Narcissism and Aggression, JOSEPH D. NOSHPITZ, M.D.* Washington, D.C., AMERICAN JOURNAL OF PSYCHOTHERAPY, Vol. XXXVIII, No.1, January 1984, p.17

(註48) Narcissism leads to increased aggression in retaliation for wounded pride.Roy F. Baumeister, Jennifer D. Campbell, Joachim I. Krueger,and Kathleen D. Vohs, DOES HIGH SELF-ESTEEM CAUSE BETTER PERFORMANCE, INTERPERSONAL SUCCESS, HAPPINESS, OR HEALTHIER LIFESTYLES? PSYCHOLOGICAL SCIENCE IN THE PUBLIC INTEREST. Copyright © 2003 American Psychological Society, VOL. 4, NO. 1, MAY 2003, p.1

(註49) Paul Wink, Institute of Personality Assessment and Research, University of California, Berkeley PERSONALITY PROCESSES AND INDIVIDUAL DIFFERENCES Two Faces of Narcissism. Journal of Personality and Social Psychology, 1991, Vol. 61, No. 4,590–597, Copyright © 1991 by the American Psychological

(註19) EQ, Daniel Goleman, Emotional Intelligence, Bantam Books, 1995, p.140

(註20) Joseph LeDoux, Emotion, Memory and the Brain, Scientific America, June 1994, p.50-57

(註21) Gordon Allport, The Nature of Prejudice, A Doubleday Anchor Book, 1958, 原谷達夫・野村昭共訳, 偏見の心理下巻, 培風館, 昭和36年, 96頁

(註22) 仙波亨一, 藤井浩子, 子玉一樹, 産業カウンセリング学会研究, 第20巻, 第1号, 令和元年

(註23) 前掲論文, 12頁

(註24) Ellen J. Langer, Mindfulness, Da Capo Press, 1989, 加藤諦三訳, 心の「とらわれ」にサヨナラする心理学, PHP研究所, 平成21年, 123頁

(註25) Gordon Allport, The Nature of Prejudice, A Doubleday Anchor Book, 1958, 原谷達夫・野村昭共訳, 偏見の心理上巻, 培風館, 昭和36年

(註26) Gordon Allport, The Nature of Prejudice, A Doubleday Anchor Book, 1958, p.372, 原谷達夫・野村昭共訳, 偏見の心理下巻, 培風館, 昭和36年, 133頁

(註27) 前掲書, 154頁

(註28) 前掲論文, 11頁

(註29) Gordon Allport, The Nature of Prejudice, A Doubleday Anchor Book, 1958, 原谷達夫・野村昭共訳, 偏見の心理下巻, 培風館, 昭和36年, 154頁

(註30) David Seabury, How to Worry Successfully, Blue Ribbon Books: New York, 1939, 加藤諦三訳, 心の悩みがとれる, 三笠書房, 昭和58年, 94頁

(註31) H.K.Beecher, Relationship of Significance of Wound to Pain Experienced, The Journal of American Medical Association, 161[1956]1609-1613

(註32) 丸田俊彦, 痛みの心理学, 中央公論, 平成元年, 61頁

(註33) Erich Fromm, the Heart Of Man, Harper & Row, Publishers, New York, 1964, 鈴木重吉訳, 悪について, 紀伊國屋書店, 昭和40年, 132頁

(註34) John Bowlby, Attachment and Loss, 黒田実郎, 岡田洋子, 吉田恒子訳, 母子関係の理論 二巻, 分離不安, 岩崎学術出版社, 昭和53年, 10頁

(註35) Frieda Fromm-Reichmann, Principles of Intensive Psychotherapy,

参考文献 註釈

（註1） Karen Horney, Neurosis and Human Growth, W.W.NORTON & COMPANY, 1950, p.39

（註2） Ellen J. Langer, Mindfulness, Da Capo Press, 1989, 加藤諦三訳, 心の「とらわれ」にサヨナラする心理学, PHP研究所, 平成21年, 253頁

（註3） 前掲書, 252頁

（註4） Edward Hoffman, The Drive for Self, Addison-Wesley Publishing Company, June 1994, p.222–223

（註5） Karen Horney, Neurosis and Human Growth, W.W.NORTON & COMPANY, 1950, p.57

（註6） John Dollard Neal E. Miller, Leonard W. Doob O. H. Mowrer, Robert P. Sera, 1939, Yale University Press, Frustration and Aggression, 宇津木保訳, 欲求不満と暴力, 誠信書房, 14頁

（註7） Karen Horney, Neurosis and Human Growth, W.W.NORTON & COMPANY, 1950, p.193,312,315

（註8） ibid., p.315

（註9） Roy F. Baumeister, Brad J. Bushuman, and W.Keith Campbell, Self-Esteem, Narcissism. And Aggression: Does Violence result From Low Self-Esteem or From Threatened Egotism, Blackwell Publishers Inc., 2000, p.27

（註10） ibid., p.223

（註11） EQ, Daniel Goleman, Emotional Intelligence, Bantam Books, 1995, p.205

（註12） Norman E. Rosenthal, M.D., The Emotional Revolution, CITADEL PRESS, Kensington Publishing Corp., 2002, March, p.27–28

（註13） KURTO LEWIN, RESOLVING SOCIAL CONFLICTS, 末長俊郎訳, 社会的葛藤の解決, 東京創元社, 昭和29年, 139頁

（註14） Karen Horney, Neurosis and Human Growth, W.W.NORTON & COMPANY, 1950, p.194

（註15） ibid., p.192

（註16） Dan Kiley, The Peter Pan Syndrome, A Corgi Book, 1984, 小此木敬吾訳, ピーター・パンシンドローム, 祥伝社, 昭和58年, 20頁

（註17） Dr.Herbert J. Freudenberger, Ph.D., Burn Out, Bantam Books, 1980, p.20, 川勝久訳, バーン・アウト・シンドローム, 三笠書房, 昭和56年, 40頁

（註18） Paul Watzlawick, How Real is Real?, 小林薫訳, あなたは誤解されている, 光文社, 昭和53年, 60–61頁

PHP新書

PHP INTERFACE
https://www.php.co.jp/

加藤諦三［かとう・たいぞう］

1938年、東京生まれ。東京大学教養学部教養学科を経て、同大学院社会学研究科修士課程を修了。1973年以来、度々、ハーヴァード大学研究員を務める。現在、早稲田大学名誉教授、ハーヴァード大学ライシャワー研究所客員研究員、日本精神衛生学会顧問、ニッポン放送系列ラジオ番組「テレフォン人生相談」レギュラーパーソナリティ。著書に、『モラル・ハラスメントの心理構造～見せかけの愛で相手を苦しめる人～』(大和書房)、『悩まずにはいられない人』『どんなことからも立ち直れる人』(以上、PHP新書)など多数。

メンヘラの精神構造

PHP新書 1224

二〇二〇年六月三十日　第一版第一刷
二〇二四年四月　五日　第一版第四刷

著者――加藤諦三
発行者――永田貴之
発行所――株式会社PHP研究所
東京本部――〒135-8137 江東区豊洲5-6-52
ビジネス・教養出版部 ☎03-3520-9615(編集)
普及部 ☎03-3520-9630(販売)
京都本部――〒601-8411 京都市南区西九条北ノ内町11
組版――朝日メディアインターナショナル株式会社
装幀者――芦澤泰偉＋児崎雅淑
印刷所
製本所――大日本印刷株式会社

ISBN978-4-569-84715-3

ＰＨＰ新書刊行にあたって

「繁栄を通じて平和と幸福を」（PEACE and HAPPINESS through PROSPERITY）の願いのもと、ＰＨＰ研究所が創設されて今年で五十周年を迎えます。その歩みは、日本人が先の戦争を乗り越え、並々ならぬ努力を続けて、今日の繁栄を築き上げてきた軌跡に重なります。

しかし、平和で豊かな生活を手にした現在、多くの日本人は、自分が何のために生きているのか、どのように生きていきたいのかを、見失いつつあるように思われます。そして、その間にも、日本国内や世界のみならず地球規模での大きな変化が日々生起し、解決すべき問題となって私たちのもとに押し寄せてきます。

このような時代に人生の確かな価値を見出し、生きる喜びに満ちあふれた社会を実現するために、いま何が求められているのでしょうか。それは、先達が培ってきた知恵を紡ぎ直すこと、その上で自分たち一人一人がおかれた現実と進むべき未来について丹念に考えていくこと以外にはありません。

その営みは、単なる知識に終わらない深い思索へ、そしてよく生きるための哲学への旅でもあります。弊所が創設五十周年を迎えましたのを機に、ＰＨＰ新書を創刊し、この新たな旅を読者と共に歩んでいきたいと思っています。多くの読者の共感と支援を心よりお願いいたします。

一九九六年十月

ＰＨＰ研究所

PHP新書

［医療・健康］

336 心の病は食事で治す　生田 哲
436 高次脳機能障害　橋本圭司
499 空腹力　石原結實
552 食べ物を変えれば脳が変わる　生田 哲
712 「がまん」するから老化する　和田秀樹
788 老人性うつ　和田秀樹
794 日本の医療 この人を見よ　海堂 尊
800 医者になる人に知っておいてほしいこと　渡邊 剛
801 老けたくなければファーストフードを食べるな　山岸昌一
860 日本の医療 この人が動かす　海堂 尊
880 皮膚に聴く　からだとこころ　川島 眞
894 ネット依存症　樋口 進
906 グルコサミンはひざに効かない　山本啓一
911 日本の医療 知られざる変革者たち　海堂 尊
912 薬は5種類まで　秋下雅弘
926 抗がん剤が効く人、効かない人　長尾和宏
937 照明を変えれば目がよくなる　結城未来
939 10年後も見た目が変わらない食べ方のルール　笠井奈津子
947 まさか発達障害だったなんて　星野仁彦／さかもと未明
961 牛乳は子どもによくない　佐藤章夫
991 間違いだらけの病院選び　小林修三
1004 日本の手術はなぜ世界一なのか　宇山一朗
1007 腸に悪い14の習慣　松生恒夫
1013 東大病院を辞めたから言える「がん」の話　大場 大
1026 トップアスリートがなぜ『養生訓』を実践しているのか　白木 仁
1036 睡眠薬中毒　内海 聡
1047 人間にとって健康とは何か　斎藤 環
1053 iPS細胞が医療をここまで変える
山中伸弥［監修］／京都大学iPS細胞研究所［著］
1056 なぜ水素で細胞から若返るのか　辻 直樹
1139 日本一の長寿県と世界一の長寿村の腸にいい食事　松生恒夫
1143 本当に怖いキラーストレス　茅野 分
1156 素敵なご臨終　廣橋 猛
1173 スタンフォード大学教授が教える 熟睡の習慣　西野精治
1200 老化って言うな！　平松 類

［心理・精神医学］

053 カウンセリング心理学入門　國分康孝
103 生きていくことの意味　諸富祥彦
171 学ぶ意欲の心理学　市川伸一

304 パーソナリティ障害　岡田尊司
364 子どもの「心の病」を知る　岡田尊司
381 言いたいことが言えない人　加藤諦三
453 だれにでも「いい顔」をしてしまう人　加藤諦三
487 なぜ自信が持てないのか　根本橘夫
550 「うつ」になりやすい人　加藤諦三
583 だましの手口　西田公昭
695 大人のための精神分析入門　妙木浩之
697 統合失調症　岡田尊司
796 老後のイライラを捨てる技術　保坂 隆
825 事故がなくならない理由(わけ)　芳賀 繁
862 働く人のための精神医学　岡田尊司
867 「自分はこんなもんじゃない」の心理　榎本博明
895 他人を攻撃せずにはいられない人　片田珠美
910 がんばっているのに愛されない人　加藤諦三
918 「うつ」だと感じたら他人に甘えなさい　和田秀樹
942 話が長くなるお年寄りには理由(わけ)がある　増井幸恵
952 プライドが高くて迷惑な人　片田珠美
953 なぜ皮膚はかゆくなるのか　菊池 新
956 最新版「うつ」を治す　大野 裕
977 悩まずにはいられない人　加藤諦三
992 高学歴なのになぜ人とうまくいかないのか　加藤俊徳
1063 すぐ感情的になる人　片田珠美
1091 「損」を恐れるから失敗する　和田秀樹
1094 子どものための発達トレーニング　岡田尊司
1131 愛とためらいの哲学　岸見一郎
1195 子どもを攻撃せずにはいられない親　片田珠美
1205 どんなことからも立ち直れる人　加藤諦三
1214 改訂版 社会的ひきこもり　斎藤 環

［自然・生命］

208 火山はすごい　鎌田浩毅
299 脳死・臓器移植の本当の話　小松美彦
777 どうして時間は「流れる」のか　二間瀬敏史
808 資源がわかればエネルギー問題が見える　鎌田浩毅
812 太平洋のレアアース泥が日本を救う　加藤泰浩
833 地震予報　串田嘉男
907 越境する大気汚染　畠山史郎
917 植物は人類最強の相棒である　田中 修
927 数学は世界をこう見る　小島寛之
928 クラゲ 世にも美しい浮遊生活　村上龍男／下村 脩
940 高校生が感動した物理の授業　為近和彦
970 毒があるのになぜ食べられるのか　船山信次
1016 西日本大震災に備えよ　鎌田浩毅